科学育儿

二孩家庭：父母和大宝二宝沟通有道

沈振宇◎主编

黑龙江科学技术出版社
HEILONGJIANG SCIENCE AND TECHNOLOGY PRESS

图书在版编目（CIP）数据

二孩家庭 ：父母和大宝二宝沟通有道 / 沈振宇主编
. -- 哈尔滨 ：黑龙江科学技术出版社，2018.4
（科学育儿）
ISBN 978-7-5388-9529-2

Ⅰ. ①二… Ⅱ. ①沈… Ⅲ. ①儿童教育－家庭教育
Ⅳ. ①G782

中国版本图书馆CIP数据核字(2018)第022082号

二孩家庭：父母和大宝二宝沟通有道

ERHAI JIATING：FUMU HE DABAO ERBAO GOUTONG YOUDAO

主　　编　沈振宇
责任编辑　马远洋
摄影摄像　深圳市金版文化发展股份有限公司
策划编辑　深圳市金版文化发展股份有限公司
封面设计　深圳市金版文化发展股份有限公司
出　　版　黑龙江科学技术出版社
　　　　　地址：哈尔滨市南岗区公安街70-2号　邮编：150007
　　　　　电话：（0451）53642106　传真：（0451）53642143
　　　　　网址：www.lkcbs.cn
发　　行　全国新华书店
印　　刷　深圳市雅佳图印刷有限公司
开　　本　685 mm×920 mm　1/16
印　　张　13
字　　数　200千字
版　　次　2018年4月第1版
印　　次　2018年4月第1次印刷
书　　号　ISBN 978-7-5388-9529-2
定　　价　39.80元

序言
PREFACE

刘勇赫

著名亲子教育专家，亲子阅读推广人
中国家庭教育学会顾问
北京心理卫生协会委员
海淀区作协会员
搜狐自媒体联盟副会长

两孩家庭的亲子教育指南

家有二宝，不仅要付出更多的精力与财力，更需要及时处理两个孩子的各种情绪反应和心理不适。不要小看这些看似简单的困惑、妒忌与抱怨，它们其实代表的是孩子对尊严和权利的重视。如果父母长期忽视某个孩子，过分强调另一个孩子，很容易造成宝贝的心理落差，出现排斥或怨恨同伴的情况。

我从事亲子教育工作10年，在教育自己孩子之余，我一直坚持解答或回复家长们的提问。在咨询过程中，我发现很多家长的困惑都集中于亲子之间的关系以及与两个孩子之间的沟通问题。我曾经这样想，二宝生活，实际上是孩子从亲子生活到社会群体生活之间的过渡阶段，和自己的手足一起学习、一起生活、一起成长，能让孩子的人格更加健全，从而可以更好地适应未来的社会环境。家有二宝是一件有利于儿童的身心健康与提高儿童社会适应能力的事情。然而，由于80后、90后父母缺乏生活经验与早教能力，不能采用适宜的方法处理孩子间发生的矛盾与摩擦,导致大宝二宝“关系紧张”“反目成仇”。因此，我觉得趁着全面放开二孩政策之际，我们应该在亲子沟通与亲子互动方面给年轻爸妈一些提示，以减轻他们的焦虑与紧张。

本书涉及的内容，涵盖心理学、社会学与社会心理学，并通过贴近生活的案例，分析二宝家庭中手足亲情的优势及所产生的各种矛盾与应对策略，包括培养孩子的独立性、分享意识、安全意识以及独特的个性等，将兄弟姐妹之间的沟通、父母和孩子的沟通、父母对孩子的培养等内容融合在一个个生动的案例里，以小见大，通俗易懂，是专门为二宝家庭量身定做的亲子教育指南。

“人之爱子，罕亦能均”，但手心手背都是肉，相信所有的父母都希望能平等地爱自己的每一个孩子，而每个孩子的内心深处也都渴望能够独享爸爸妈妈的爱。所以，如果您有两个孩子，您一定要了解他们的性格特点，用他们能够感受到的方式去爱他们。

祝愿每一个二宝家庭和谐美好。

目录 CONTENTS

第一章

二宝是父母给大宝**最好的礼物**

对大宝来说，世界上最好的礼物就是二宝，他们亲同手足。除了父母，他们是世上最爱彼此的人，一起玩耍，一起学习，一起成长，当父母都已老去，他们仍在彼此相伴！亲爱的兄弟姐妹，感谢有你，是你让我在这个世界上不再那么彷徨和害怕！

一、有二宝前要尊重大宝

在决定要二孩的时候，一定要尊重大宝，提前告知大宝，他即将会有个弟弟或妹妹，并且告诉他，他是最重要的，“爸爸妈妈很爱你”。把大宝的感受照顾好，才能安心生二孩。不要以为孩子小就疏忽他的感受，其实他们什么都知道。

有了二宝以后，大宝的情绪会发生很大的变化。首先妈妈的身体不再像以前一样，而是会变得越来越笨拙，并且要住院生孩子、坐月子等。大宝会本能地害怕、焦虑不安，这是担心妈妈的正常表现。所以要事先告诉大宝，妈妈的身体会发生变化，将愉快、乐观的情绪传达给孩子，避免大宝产生恐惧。

其次，有了二宝以后，爸爸妈妈从关注一个孩子变成关注两个孩子。原本都属于大宝的关注，被分走了一半，大宝会失落，怀疑爸爸妈妈不再爱他，甚至会产生怨气，并且把怨气转移到二宝身上。所以要做好大宝的心理疏导工作，让他知道自己还是爸爸妈妈的宝贝，二宝不是来抢走属于他的爱，而是来陪他一起成长的。

避免这样跟大宝沟通

“有了小宝宝，你会多一个弟弟或者妹妹跟你玩了。”

跟大宝说“有一个弟弟或妹妹跟你玩”，大宝会非常开心，每天期待弟弟妹妹的到来。等到二宝出生了，大宝却发现这个小婴儿既不会说话也不会走路，就知道哭和睡，根本没办法和他玩耍。大宝会很失望，觉得爸爸妈妈在骗他，对二宝的期待也会被失望和愤怒所取代。所以，这种不切实际的期待还是不要给比较好。

“有了弟弟或者妹妹，你要照顾他哦。”

这种分配任务的说法，会让大宝不知所措。大宝本来就对即将到来的弟弟或妹妹一头雾水，这时候立刻又有了一项“照顾”的艰巨任务，会更加找不到方向，并且会有压力感：他连自己都照顾不好呢？何况小婴儿长什么样他都不知道。

“太好了，我们家又要有一个小宝宝了！”

表达自己的喜悦之情也要谨慎。在大宝眼中，爸爸妈妈是世界上最重要的人，当妈妈很开心地告诉大宝将有一个新的小宝宝，孩子天生敏锐的心，会本能地判断出二宝的出生将对他产生极大的影响。他心里会觉得酸酸的，甚至会大哭大闹，抗拒二宝的到来。

和不同年龄的大宝用不同的沟通策略

和2岁以下的宝宝沟通：不用刻意说明

处在这个年龄段的大宝的认知能力有限，还没有“独生子女”的概念，所以不管家里新添了弟弟还是妹妹，他都能很自然地接受。

如果大宝还不到1岁，就不需要征求他的意见；如果大宝已经1周岁多了，可以简单地告诉他，可以指着自己的肚子跟他说：“妈妈的肚子里住了一个小宝宝，不久你就能当哥哥/姐姐了。”

和2~3岁的宝宝沟通：赋予他新的角色

这个年龄段的宝宝已经习惯了家人的独宠，家里突然多一个小宝宝，他可能会产生不满情绪。大人除了安抚他的情绪外，要给他必要的引导和鼓励，并赋予他一个新的角色——哥哥/ 姐姐，树立他当大宝的权威，让他陶醉于自己的新角色，并为此感到骄傲，而忽略掉被弟弟妹妹分走的那些关注。

和3~6岁的宝宝沟通：表现出适当的“偏爱”

对于即将到来的弟弟妹妹，已经开始“懂事”的大宝，最为忧虑的是有了二宝以后，自己还是父母的宝贝吗？所以，聪明的父母不妨表现出对他的“偏爱”，让他觉得父母的关注点还在他身上。为二宝准备各种东西时，不要忘了给大宝更新一些玩具；还要多表扬大宝，肯定他，鼓励他，让他对自己有信心，并感到骄傲，他也会乐于帮助妈妈一起照顾小宝宝。

TIPS

父母巧妙知会大宝的智慧

● 爸爸妈妈在告诉大宝要生二宝的时候，要秉承“既不夸大好处，也不回避坏处，不轻易评判，以最真实的姿态面对”的态度，告诉他二宝会带来哪些变化，让大宝了解情况，做好心理准备。

● 让大宝第一个知道“即将有二宝”这个消息，让大宝感到自己是爸爸妈妈心中最重要的人，这么重要的事情当然是第一个告诉他的。

二、两个孩子差几岁最好

家中多一个孩子，可不是多双筷子多个碗那么简单，这是一件关系到家庭未来发展的大事，如果规划不好，那么孩子出生后就会产生很多矛盾。比如规划两个孩子之间的年龄差距，究竟差几岁好？相差年龄小有好处，但相差年龄大也不见得是坏事，每对父母都可以根据自己的实际情况来计划。

大小宝年龄差1~2岁

优势

妈妈心理上容易适应

如果生完第一个孩子一年左右就生第二个，妈妈在心理上会更容易适应，生活重心仍旧在孩子身上，生活的变化也不会太大，也不需要额外复习照顾孩子的技巧。

大小宝可以一起玩耍

两个孩子可以从小一起玩，他们的兴趣点和关注点都差不多，可以搭伴玩同样的游戏，是真正的共同成长。因为大孩子没有感觉到生活的大变化，相互之间的嫉妒也不会那么明显。

劣势

身体上消耗大

因为两个孩子都需要精心照顾，甚至小宝出生时，大宝可能还没有断奶。这对妈妈的身体肯定是个巨大的消耗，可能会难以兼顾两个孩子的需求，容易手忙脚乱，体力不支。

大小宝容易争吵

两个年龄相仿的小家伙因为兴趣相同、关注一致，可能会为了争抢同一个玩具而吵架，所以在给孩子添置物品的时候，要准备两件一模一样的，避免两个孩子发生争吵。

大小宝年龄差2~4岁

优势

妈妈可以充分休息

妈妈的身体和精力已经完全恢复，大宝的自理能力也大大提高，白天大多数时间在幼儿园，不需要太多的照顾。这样妈妈就能分出更多精力准备怀孕、分娩及照顾二宝，生产后也能得到充分休息。同时也能保证两个宝宝都能享受到充分的爱护。

大小宝共同成长

相差2~4岁的两个孩子，还不足以形成不可逾越的鸿沟，仍旧可以相互作伴和共同游戏，还可以共同成长。也许不会像年龄差1~2岁的手足那样关系紧密，不过随着逐渐长大，这些差异会越来越小，不会产生代沟。

劣势

大小宝抢妈妈

超过3岁的孩子很难接受另外一个小东西占有自己的妈妈，因为他已经独享惯了，所以会出现两个孩子抢妈妈的情况。如果你因为照顾小的，而没有时间和以前那样陪伴大宝的时候，大宝会有很强的失落感和挫败感。

大宝容易焦虑

当二宝出生的时候，大宝已经有了一定的逻辑思维和理解能力，但是这种能力又不够完善。所以他们对二宝出生的态度会比较敏感，更容易抗拒弟弟或妹妹的出生，也更容易出现焦虑情绪，需要更长的过渡期来适应。

大小宝年龄差5～6岁或以上

优势

大宝可以看护小宝

你的第一个孩子已经能够成为你的小帮手。当你给小宝宝换尿裤的时候，可以让老大帮忙递湿纸巾；喂奶的时候，他可以帮忙冲奶粉；去处理其他事情的时候，他可以帮忙看护二宝等。

大宝可以做小宝的榜样

大孩子能够成为小孩子模仿的对象，并从中受益无穷。老大可以按照你给他制定的规矩来约束小的，并且在很多事情上都能成为老二的楷模和榜样。

劣势

大小宝玩不到一起

两个孩子如果年龄相差比较大，他们的能力和兴趣几乎没有任何交集。大宝已经上了小学，二宝可能还不会走路，这样的话，大宝会觉得二宝简直是个累赘和负担。

家长会很辛苦

两个孩子按照各自的阶梯成长，他们的需求也南辕北辙，可能一个要你给他讲故事的时候，另一个却肚子饿得咕咕叫而拼命啼哭。一个人同时面对两个孩子的不同需求，可能会很辛苦，难免顾此失彼。

三、温和地让大宝接受二宝

家里添新宝宝是喜事，但对大宝来说，二宝的降临会对他的世界产生巨大的影响，你必须以温和的方式让他逐渐进入状态，让他轻松自信地接受弟弟或妹妹的到来。

让大宝参与妈妈的整个孕期

怀上二宝以后，告诉大宝：二宝住在妈妈的肚子里，他需要我们的关爱。让大宝一起参与妈妈的整个孕期，一起给二宝胎教，一起给二宝准备衣服，起名字也和大宝商量。这样大宝会有一种责任感，会很开心地期待二宝的出生。

巩固大宝在家中的地位

在二宝出生前后，依然把家庭中较好的资源留给大宝。比如，怀孕期间陪伴大宝睡觉、给他讲故事、坚持接送大宝上幼儿园或上学……尽量确保他在家庭中的地位。

通过游戏帮大小宝建立良性关系

孩子都有种模仿心理。父母不妨让大宝模仿爸爸妈妈去照顾小宝宝，帮忙给小宝宝喂奶、换纸尿裤等。这会让大宝很有成就感，然后他也能跟弟弟/妹妹建立良性的互动，减少冲突。

表达爱，让大宝感觉到父母的爱没有变化

怀上二宝后要更重视和大宝的情感交流，经常对他说："不管妈妈有几个孩子，你永远是妈妈的大宝贝。"提前和他打预防针："如果有人对你说，妈妈有了弟弟/妹妹会不爱你，你告诉他们，绝对不会，妈妈是会永远爱你的!"

沟通，鼓励孩子说出自己的感受

怀第二个孩子时，每天跟大宝谈论一下他的生活、朋友，以及他在学校的一天，寻找他的行为变化，鼓励他与你分享困扰的事情，这样可以防止孩子出现嫉妒的负面情绪和不安全感，及时化解他的忧虑。

让大宝感受到有二宝的好处

要让大宝明白有了二宝以后的好处。比如，大宝会得到二宝的爱，这是独生子女家庭没有的；二宝长大后会与大宝玩，走到哪里玩到哪里，不像别人家孩子，需要提前预约与他们玩的时间；大宝可以分享给二宝自己的物品；大宝可以充当二宝的老师，会很有成就感……

四、生二孩前要引导大宝接受弟弟/妹妹

6岁以前的孩子还不具备很好的抽象思维，形象思维仍然是他们主要的思维方式。比如妈妈跟大宝说："有了弟弟或妹妹，妈妈的肚子会越来越大的。"大宝可能听不明白，没什么感觉，如果妈妈说："妈妈的肚子会变得像西瓜一样，又大又圆。"大宝就能想象出来妈妈以后的样子了。

所以，虽然口头上和大宝讲过即将有二宝这个事情，年幼的大宝可能还不大理解二宝的出生意味着什么。为了更好地引导大宝，爸爸妈妈可以通过讲故事的方法，和大宝一起读一些有关兄弟姐妹的故事绘本，在美好的亲子共读时光中，让大宝了解有关二宝出生的那些事。

让大宝了解二宝出生后带来的变化：《汤姆的小妹妹》

小兔子汤姆要有小妹妹了。刚开始，妈妈同小妹妹伊娜从医院回家的时候，汤姆还是挺高兴的，他还想把自己的小卡车借给伊娜玩。可是，因为小妹妹的出现，汤姆觉得现在家里都没人理他了，很多人来看妹妹，夸奖她，却忘记了汤姆；妈妈也不让汤姆在妹妹睡觉的时候弄出声音……汤姆心想，伊娜还要在我家待多长时间啊。

但是伊娜哭的时候，汤姆给她唱儿歌，她马上就不哭了；汤姆还给伊娜喂奶，大家都表扬汤姆。汤姆又喜欢他的小妹妹了！

对孩子来说，被忽略和被冷落的感受是很可怕的。我们可以看看汤姆在受到冷落后是如何积极地面对这种不舒服的感觉，让自己开心起来的。大人们也千万要记得，无论什么时候，都别忘了关注孩子内心小小的感受，别忘了告诉他，你有多么爱他。

让大宝对弟弟妹妹产生期待：《我想有个弟弟》

可爱的小鸡卡梅利多一直梦想着有一个小弟弟，那样他们就可以一起玩骑山羊、捉迷藏的游戏。可是农场主拿走了妈妈卡梅拉所有的蛋，卡梅利多很失望。好心的鸬鹚佩罗非常同情他的遭遇，偷偷收藏了卡梅拉的一只蛋，终于蛋壳里的小鸡快要蹦出来了，卡梅利多满心欢喜。

这时，两只饥饿的刺猬偷走了他的小弟弟，当卡梅利多赶到时，小鸡已经破壳而出，可是令卡梅利多失望的是，从鸡蛋里跳出来的竟然是个妹妹！不过妹妹卡门聪明又勇敢，不仅帮助哥哥从陷阱里逃了出来，还打败了小偷刺猬。卡梅利多渐渐从失望转变成了惊喜，兄妹二人形影不离。卡梅利多一遍遍地给妹妹唱歌：小鸡小鸡叽叽叽，跟着哥哥去啄米，看到天上老鹰飞，躲进哥哥翅膀里。

培养大宝作为哥哥姐姐的自豪感：《跟屁虫》

妹妹是个跟屁虫，哥哥做什么她都要跟着做。

哥哥要喝牛奶，妹妹也要喝，却把牛奶洒得到处都是。

哥哥说“蹦”，并跳了起来；妹妹也说“蹦”，可她根本跳不起来。

哥哥说“再来一碗”，把空碗递给妈妈；妹妹也说“再来一碗”，可她的碗里还是满满的。

……

妹妹真是个跟屁虫，明明什么都做不好。可是，她还是哥哥最可爱的跟屁虫妹妹。

“我的妹妹可真是一个跟屁虫。”这句看似抱怨的语言，其实暗藏着身为哥哥的爱惜与自豪。

类似的有趣故事还有《分享》《在一起》《隧道》《妹妹住院了》《阿惠和妹妹》和动画片《龙猫》等。这些故事各有侧重，但都能通过精美的画面和可爱的形象，让大宝对二宝出生后的情况形成具体的认知，让他能想象出自己和弟弟或妹妹在一起的场景。

五、大宝引领二宝成长

家有二宝，不仅大宝多了一个伴儿，也给自己减轻了带孩子的压力。虽然孩子小的时候，照顾起来会耗费精力，但过个两三年，等两个孩子可以互动的时候，照顾两个孩子比照顾一个孩子还轻松。因为大宝不仅是你的小帮手，还是二宝的楷模和榜样，是二宝成长路上的引导者。

一位二胎妈妈说，生二胎前老怕照顾不过来两个孩子，生了之后发现，两个孩子比一个孩子好带多了！因为妹妹就是姐姐的“跟屁虫”，姐姐看书，妹妹也有模有样地看；姐姐出去玩，妹妹也要跟着；姐姐去学校，妹妹眼巴巴等着姐姐回来一起玩；姐姐写作业，妹妹也坐在姐姐旁边拿个笔乱画；妹妹不好好吃饭，姐姐在旁边做榜样，妹妹马上就有滋有味地吃起来……有了姐姐的榜样作用和引导作用，妈妈轻松多了，可以放心地刷牙、洗脸、美容，做点自己的事情了。

大宝可以帮助和指导二宝

一般来说，大宝和二宝关系越亲密，二宝越是崇拜大宝。对二宝来说，大宝是很厉害的，他们也想像哥哥/姐姐那样，因此他们会时常模仿大宝的行为。大宝对二宝来说，是成长的榜样和活动的指导者。而大宝也愿意帮助和指导二宝，大宝不仅能从中获得满足感和成就感，还能更好地开拓思路，培养和锻炼自己的独立思考能力。所以说以三年的辛苦，换来未来一辈子的手足幸福，还是很划算的。

两个孩子的社交能力更强

小宝简直就是哥哥的跟屁虫和粉丝，经常把“哥哥好厉害”“哥哥好棒”之类的话挂在嘴边。每天都盼着哥哥放学回家跟哥哥玩，每次哥哥写作业，他也挤在哥哥旁边，学着哥哥的样子拿个笔乱画；他们来经常玩“小老师教学生”的游戏，哥哥在上面认真地讲，他能乖乖地坐地下面十分认真地听；他不爱吃青菜，哥哥在旁边做榜样，马上就舀起来有滋有味地嚼着；哥哥不喜欢的玩具车扔到一旁，他也能捡过来玩半天……不知小家伙这样好不好，会不会完全没有主见？

对学龄儿童来说，通过教与学的过程，大宝能更好地开拓思路，培养和锻炼自己的独立思考能力，而小宝的学习成绩要比没有获得指导的孩子更好一些。这是一个互利的过程。

研究发现，与独生子女相比，有兄弟姐妹的孩子社交能力会更强，这可能与他们兄弟姐妹之间的交往有关。

一方面，老大经常用年纪大的优势来控制年幼的弟弟/妹妹，与同伴交往时也使用相同的强制战术，所以他们可能更擅长当领导者；另一方面，年幼的孩子在与哥哥/姐姐的交往中学会了顺从和谈判的技能，与同伴交往时，他们更强调合作，也更善于处理冲突，故而会较受同伴欢迎。

六、互相陪伴和依赖的“手足”

心理学家发现，一个儿童若没有朋友，就会出现一系列不适应问题。可是，如果他们对兄弟姐妹产生安全依恋，就能够有效地避免焦虑、忧伤和其他不适应问题的出现。

一位家长说，促使她下决心生二胎的是，儿子快3岁的时候，带他去楼下玩，儿子屁颠屁颠地跟在几个小朋友后面，跟着大家跑来跑去，玩得不亦乐乎。带他回家的时候，儿子大哭大叫，用力挣脱她的手，一个劲地往小朋友那边冲。朋友说，当时就觉得好心酸，觉得儿子太孤单，太需要伙伴了。

后来随着二宝的出生和逐渐长大，两个小家伙在一起玩的时间越来越多，虽然时不时互相拆台，但更多的是互相陪伴和互相依赖，一起看书玩游戏，一起运动玩耍，前一秒可能为了争夺关注在哭闹，下一秒又拥抱在一起甜死人。有时候出门工作，担心他们害怕，他们还不耐烦地说：“赶紧走吧，我们在家玩得好着呢。”

孩子离不开同龄伙伴

孩子的成长离不开与同龄伙伴的相处。人际交往是社会生活的重要内容之一，自我的发展、心理的调适、信息的沟通、人际关系的协调，都离不开人际交往。孩子也是如此，良好的社会关系，可以使孩子在温馨怡人的环境中愉快地学习、生活，健康快乐地成长。

事实上，儿童在主动和其亲近的父母建立亲子关系之后，还需要一个与其进行角色扮演、练习社会交往的伙伴，这个伙伴就是他的“手足”。

孩子们玩游戏更投入

一般的父母很难走进孩子的世界，很难以孩子的视角与孩子一起玩耍，一起成长。大人经常玩着玩着就兴味索然，稀里糊涂地结束了。但小伙伴就不同了，他们认真极了，一个空瓶子可以玩半天，可以非常自然地互相称呼对方“妈妈”和

"宝宝"，可以逼真地扮演上班、买东西、看电影等，将游戏深入地推动下去。因此跟小伙伴玩肯定比跟妈妈玩更加有趣，手足感情也随之建立起来了。

玩耍中学习人际交往

大宝二宝一起玩耍，能学会沟通、妥协、拒绝等社会交往的方式，是孩子学习人与人交往最重要的途径。能力差不多、站在平等位置上的两个孩子，不会像父母一样去"照顾"对方，当他们有分歧的时候，为了能继续玩下去，必须得互相协商、互相妥协。孩子们便是通过这个过程，逐步成长为一个社会人了。

七、大宝为什么越来越缺少安全感

大宝变得娇气，行为变得退化，是希望妈妈能多关注他、陪伴他，渴望自己能像弟弟/妹妹一样得到更多的呵护和爱。

自从琦琦有了小弟弟之后，有一段时间她变得特别娇气，仿佛又变成了一个小婴儿。本来已经有一定自理能力的小人儿，突然不会自己穿衣服了，不会自己刷牙洗脸，连上厕所都要妈妈陪着。看到妈妈抱弟弟，就嚷着也要妈妈抱；牵着她走路，她会耍赖坐地上："我走不动了！"偶尔磕一下，碰一下，就哇哇大哭，眼泪鼻涕糊一脸，赖在妈妈怀里半天不出来。

为什么好好的孩子，好像行为能力又退步了呢？其实原因很简单，大宝变得娇气，行为变得退化，是希望妈妈能多关注他、陪伴他，渴望自己能像弟弟/妹妹一样得到更多的呵护和爱。大人要理解这种退步行为，并平衡两个孩子之间的关系。

大宝缺少安全感背后的原因

妈妈的精力和时间是有限的，因为二宝的出生，陪伴大宝的时间一定会减少。大宝会觉得爸爸妈妈的爱减少了，安全感大大降低，因此表现出一系列行为问题，这些行为背后的心理状态一般有以下几种：

渴望

孩子的心是敏感脆弱的，如果父母多关心了另外一个孩子，那么这个孩子也会渴望得到父母的关爱。所以说孩子行为异常的真正目的是希望得到父母更多的爱。

恐惧

有时候大宝会害怕自己要失去父母的爱了，便会产生嫉妒心，甚至有时会去攻击幼小的弟弟/妹妹，或是退化自己的行为，去模仿弟弟/妹妹的行为来引起父母的关注。

愤怒

看不惯二宝比自己好，或二宝拥有自己没有的东西；或者大宝犯了错要承担，二宝犯错却没关系……这些都会引起大宝的心理不平衡。

高质量陪伴，平衡大小宝关系

我们必须承认，因为二宝的出生，我们给大宝的爱的确是减少了。虽然妈妈陪伴大宝的时间减少了，但可以通过提高陪伴质量，来给予大宝同样的爱和亲近举动。

引导大宝乐于分享

独生子女往往以自我为中心，不会与人分享，父母应当引导大宝学会和人分享，让他们知道分享不意味着失去。当大宝清楚地感受到父母的爱，还乐于和别人分享时，他们就不会再抱怨父母偏心，也不会有强烈的争宠行为了。

明确地告诉大宝你的爱

不管是不是独生子女，孩子都喜欢被宠爱，渴望得到父母更多的爱。因此爸爸妈妈要明确地告诉大宝你们的爱，比如直接告诉他你爱他，经常亲他的脸，牵他的手，拥他入怀等。

多和大宝聊天、玩耍

比如多聊聊大宝幼儿园或学校的新鲜事，以及大宝感兴趣的话题；多陪大宝去书店、公园、游乐园等，也可以和大宝一起打扫房间、一起煮饭，增进彼此的感情。

建立大小宝之间的感情

只要兄弟姐妹之间感情深厚，很多时候他们是无所谓公平不公平的。这样的话，事情就变得容易处理了，而不会轻易引发孩子们之间的矛盾和冲突。

八、爸爸也要加入育儿大军中

在传统的观念里，很多人都认为育儿主要是以妈妈主导，爸爸的参与度比较低。但是两个宝宝的时候，其实要求爸爸和妈妈的参与度要一样高。

从体力上来讲，爸爸的体力也更好一点，而妈妈经过怀孕和生产的过程，体力更差一些。所以我们要给爸爸更多学习的机会，鼓励爸爸参与到育儿中来。

妈妈并不是天生就会做妈妈的，也是在实践中锻炼、从书本中学习，通过不断犯错、不断进步才做得越来越好的，所以也要有意识地让爸爸去学习，并参与孩子成长。但也要注意一些不合理的分工方式，比如爸爸来管大宝，妈妈管二宝，这样时间长了，两个孩子就只跟看自己的人亲，这样的亲子关系实际上也是不健康的。所以建议父母在时间上分工或者以具体的教育内容去分工，而不是按孩子个体来分工。

经常鼓励爸爸

另外，妈妈可以树立爸爸爱子、教子的形象，经常赞许、鼓励宝爸，给他足够的“面子”，帮助其更好地认同自己的角色，做一个好爸爸。比如聚会时可以跟别人说：“我家孩子爸爸上班很辛苦，回家还帮忙带孩子。”“我特别幸运，我家孩子他爸能体谅我的辛苦，而且想办法让我轻松一些”等。

等孩子大点了，可以带动宝宝一起鼓励爸爸，比如喝奶要让爸爸冲，可以问宝宝：“喝奶喊谁？”宝宝喊“爸爸”；东西太高装作够不着，问宝宝谁来拿，宝宝说：“爸爸拿。”妈妈、宝宝的嘴巴这么甜，爸爸的能耐这么大，想忽略自己都难。

各位妈妈需要多换位思考，多理解老公、信任老公、鼓励老公，积极和老公对话、沟通，建立稳定紧密的夫妻关系，让爸爸积极主动地加入到育儿大军中来。

妈妈不要大包大揽

妈妈也不要再像以前一样大包大揽，什么事情都是自己来。即使刚开始爸爸带得不好，也不要着急，给爸爸一点时间，相信爸爸会做好的。千万别一边什么都自己做，一边又抱怨爸爸不帮忙，这样会打击爸爸的育儿积极性。

爸爸多照顾孩子

爸爸要和孩子建立更亲密的关系，以便能替代妈妈一段时间来照顾孩子。比如爸爸多和妈妈一起陪孩子出去玩；日常在家里，爸爸可以多照顾孩子的吃饭、睡觉，给孩子讲故事，积极主动地陪孩子玩游戏等。

TIPS

父亲应“亲临”教育第一线

父亲的影响在儿童期和青春期影响最大，在婴儿期、壮年期、老年期影响较小。

婴儿时期：加速母子分离。在婴儿期，孩子主要依赖母亲，从妈妈那里吮吸生存所必需的乳汁。因此，看似出生时早已剪断的脐带，实则还存在于母子的心中。此时，父亲恰恰要充当加速母子分离的角色，以便形成正常的等边三角的家庭模式。在这个阶段，父亲应该多抱抱孩子，和他们建立感情。

儿童期：规则的代表，效仿的对象。这时孩子面临重要的人生发展任务——性别角色认同。心理学研究发现，父亲对孩子性别意识的形成比母亲更重要。此时，父亲必须给孩子建立规则，引导男孩向男人的方向发展，教他们勇敢、理性、负责任、敢于参与社会活动、关注世界等。弗洛伊德认为，懦弱和疏离的父亲是将儿子推向同性恋队伍的“罪魁”。另外，美国学者比博认为，对于女孩，父亲则要告诉她们，女孩子是什么样，她们与男人的区别在哪。

因此，在这个阶段，父亲要给孩子树立榜样，如在公共场合不吸烟、不随地吐痰、遵守交通规则、对家庭负责、努力工作等，这会让男孩子从小就知道什么是真正的男人，让女孩子从中获得安全感。

第二章

给两个孩子的爱 怎么分配

对很多二孩家庭来说，爱的分配是一个棘手的问题。父母希望两个孩子能够友好相处，并尽量给予他们一样的爱。但在孩子眼里，“爱”这种抽象又具体的感情似乎总是不公平的。大宝很可能会认为，二宝是他在家庭中“爱”的竞争对手，并引发一系列“退化”行为，让父母手足无措。

一、给大宝更多的关注和爱护

二宝出生后，大宝需要慢慢地过渡才能习惯。在这个过渡期内，一定要遵循“先护大后护小”的原则。

原因很简单，刚出生的小宝还不具备复杂的心理活动，而大宝却可以察觉并体会到了父母的情感偏向，而且由于心智不成熟不能完全理解父母的做法。因此大宝更需要爱，只有大宝的内心对爸爸妈妈建立了信任，他才不会讨厌小宝，才会真正地从内心照顾并且谦让小宝。因此我们需要时间，让大宝和爸爸妈妈重新建立信任，让大宝接受小宝。以后大宝接受了小宝，不需要你强调，大宝都会谦让小宝的。

TIPS

“先护大后护小”不代表无条件偏袒

● “先护大后护小”并不意味着毫无条件地袒护大宝。它的核心是给予大宝更多的关注和爱护，如果大宝和二宝的需求有冲突，原则上应当优先满足大宝的需求。但是大宝有问题的时候照样也要指出来，不能无条件、无原则地偏向大宝。

● 并不是一直都要遵循“先护大后护小”的原则，如果大宝已经完全适应了二宝的存在，并且真正地喜欢二宝、呵护二宝，再继续这样的原则，就会对二宝不公平。当生活步入正轨，两个孩子的感情已经建立，就不必刻意强调对大宝的保护和偏爱。

例子

大宝要妈妈陪玩，同时小宝又哭了，这时候妈妈应先陪大宝玩，让家人去哄小宝。

例子

妈妈下班回家后，两个孩子都要妈妈抱，这时候应该先抱大宝。

例子

平时两个孩子没有冲突的时候，妈妈也要尽量花多点时间陪大宝。

二、大宝的榜样作用

榜样示范是最为重要的家庭教育方法。模仿是孩子的天性，7岁以前孩子的自我发展主要靠模仿，他们无法对环境中遇到的一切进行辨析，会照单全收刻进心里，看到好的举动无形之中就得到好的示范，反之则学会坏的。

对于二宝而言，与自己年龄相近的大宝的榜样示范作用不可小觑。某种程度上，大宝给二宝的榜样树立得好，二宝的教育就成功了一半。

鼓励大宝做榜样

二宝从小跟在大宝屁股后面，大宝在他眼里就是小小的英雄，一举一动在他看来都是值得学习的事情。因此当二宝跟着大宝有样学样的时候，妈妈要趁机鼓励大宝："哥哥好好吃饭，弟弟也跟着好好吃饭，哥哥真是个好榜样！"或者"多亏了姐姐爱学习爱看书，妹妹才愿意看书，姐姐教得真好"，让大宝生出一种榜样的自豪感，从而做得更好，引导二宝成长。

让大宝分清好榜样和坏榜样

弟弟/妹妹有样学样，并不会分辨好坏。比如哥哥调皮起来乱扔玩具，弟弟也会跟着乱扔，并认为这是一件有趣的事；姐姐不好好吃饭，把饭菜弄得到处都是，妹妹也会跟着做，还和姐姐一起嘻嘻哈哈……这时候，爸爸妈妈要告诉大宝：弟弟乱扔东西对吗？弟弟为什么会乱扔东西，是因为跟你学的，你做得不好弟弟也做不好，你做得好弟弟也做得好。让大宝能够注重自身的楷模形象，树立一个好的榜样，而不是一个坏的典型。

三、父母少介入孩子的冲突

家有两个孩子，父母常常因为舍不得年龄较小的孩子“受欺负”，而忍不住要去当裁判。说实话，裁判这个角色真的不好当，不仅很可能因为处置不当变成“黑哨”，而且还会因为裁判的介入造成事态升级。

本来孩子们有了矛盾，只是推搡两下，可是看见妈妈来了，被推的那个就好像受了欺负一样，坐地上大哭起来，这样的例子数不胜数。所以，要尽量避免让自己当裁判，除非是遇到了非干涉不可的情况。

孩子自己解决问题更简单

每当孩子发生争吵，父母就跳出来当仲裁者，甚至希望借此机会教育孩子。但是，在不清楚前因后果的情况下，很难决定谁对谁错、谁该让谁。这种情况久了，孩子会累积不满的情绪，认为爸妈偏心对方，也使孩子失去解决问题的机会，而且会使手足的争吵变得不单纯，他们争执的不再是原来的事件，反而会不自觉地“演”给大人看，希望得到仲裁者的支持。

让孩子在冲突中学会解决矛盾

孩子之间出现冲突，是他们在群体交往中学会协调、解决矛盾的必经之路。他们正是通过这种解决矛盾的过程，学会如何坚持独立的见解，如何让自己更受欢迎，如何适度地表现自己，如何培养忍耐力，从而不断提高与其他孩子交往的技能。这是所有孩子社会化过程中的重要环节，如果父母越俎代庖，就会让孩子失去学习的机会，孩子的社会化能力就会得不到提高。

尊重孩子、相信孩子

孩子的问题还给他们自己，爸妈的介入越少越好，孩子会因为没有人帮忙，而尝试用不同的方式与对方沟通。爸妈要做的就是等待，不要急着处理问题，因为手足冲突的过程，往往会给孩子提供更好的学习机会。

让孩子自己解决矛盾，一方面是对孩子的信任，相信孩子有解决问题的能力；另一方面也是家长的一种自信，相信自己的教育觉悟和心态会正面影响孩子的心智成长。

竞争和不公平常态下随时都可能出现，爸妈用不着时时提供一个公平的环境，孩子会在每一次的尝试中成长。爸妈若愿意营造一个尊重孩子、相信孩子能力的环境，他会以令你惊喜的方式长大。

孩子不是生长在温室中的花朵，总有一天他要走出去独立面对生活中的风雨。与其替孩子出头，争一时的输赢，不如培养孩子勇敢的性格和承受矛盾与冲突的能力，这样不管将来遇到什么样的问题，孩子都能自己解决。不要低估孩子的承受能力，也不要小瞧孩子解决问题的能力。

四、切忌进行比较式批评

"你看妹妹多乖，哪像你这么调皮！"

"又哭？你看哥哥摔倒了都不哭，哪像你，是个小哭包。"

"你看姐姐又得奖状了，你呢，天天被老师批评！"

有了老二以后，很多家长会有意无意地拿两个孩子作比较，比如老大不如老二听话啦，或是老二要像老大一样好好吃饭啦……不要进行这样的比较式批评，否则孩子会有一种被贬低的感觉，从而造成心里不平衡。

有调查显示，35.3%的孩子最讨厌的是"爸爸妈妈总是拿自己跟别人作比较。"虽然父母常常以为自己是最客观、最公正、最不偏心、最讲道理的人，但是有比较就有偏爱，当父母不自觉将两个孩子进行比较的时候，内心的天平就悄悄偏向了其中一方，这对没有得到偏爱的一方是很不公平的。

比较还会破坏孩子之间的手足之情。手足之间本应该是协同互助的关系，而比较和竞争会严重破坏两个人之间的感情，甚至渐渐变得水火不容；或者两个孩子一个越来越好，一个越来越坏。父母间接起到了"挑拨离间"的作用。

每个孩子都是独一无二的

每个孩子都有自己的特质，大宝和二宝的气质和性格很可能是完全不同的，比如一个外向，一个内向；一个喜欢音乐，一个喜欢体育，他们各自有自己的长处和优势。做父母的切忌在两个孩子之间进行比较，哪怕是无意识的比较，都可能会伤害孩子的自尊心，对孩子产生不良影响。

不要表扬一个批评一个

赞美一个，不能伤害另一个。父母千万不要过多、过度地就同一件事当着俩孩子的面夸奖其中一个。这会对另外一个孩子带来不小的压力，表扬得多了，其中一个慢慢就变成了“别人家的孩子”，结果就会成为另一个孩子“最讨厌的人”。可以在赞美一个时，发现另一个的优点，一起表扬，不能在赞扬声中暗藏着对另一个的批评。

不要比较两个孩子的表现

当大宝和二宝有争论时，父母可以就事论事，直接向孩子提出自己的期望和要求，而不是拿一个孩子的表现和另一个孩子做比较。当我们在孩子之间进行比较时，孩子更可能产生抵抗心理，也更容易让孩子之间产生敌意。而当我们直接与孩子沟通时，孩子就更可能接受我们的提议，与我们合作。

公平地对待每个孩子

比较可谓人之天性，不经意中会把两个孩子进行比较，那就请你将比较放在你的心里，或者夫妻之间闭门谈谈，切忌不要在孩子面前将他们进行比较。比较会伤害两个孩子之间的感情，容易引发他们之间的竞争和嫉妒。特别是在被比较中处于劣势的那一个更容易失去自信，并对另一个手足产生不满，因为他会觉得是另一个夺走了父母对他的爱和信任。

曾有一位奶奶对她2岁的小孙女说：“你扔东西，奶奶不喜欢你了，奶奶喜欢哥哥。”听起来似乎没什么，但事后有一天小孙女说：“奶奶不喜欢我，奶奶喜欢哥哥。”其实奶奶的本意并非要让孙女有这种想法，而且奶奶认为她的比较只是一句玩笑话。但殊不知，孩子的感受完全不同。其实奶奶根本不应该加那句“奶奶喜欢哥哥“的话，而奶奶的话如果是另一种说法或许更好：“奶奶不喜欢你扔东西。”或者“奶奶很喜欢你，但你扔东西的时候，奶奶就不喜欢了。”

等孩子上学以后，父母就更不能将两个孩子的学习进行横向比较，而是应该针对每个孩子自己的纵向发展进行比较，指出他的进步或退步。

五、允许孩子表达他的情绪

自从二宝出生后，王彤的大儿子秋秋哭闹不讲理的情况就常常发生了。秋秋的个性越来越强，稍有不满，就又哭又闹，偶尔还撒泼打妈妈，跟爸爸顶嘴，哄也不听，骂也不听，让王彤和丈夫非常苦恼。

每个人都会有负面的情绪，包括年龄尚小的孩子也一样哦。所以，作为家长就要循序渐进地引导孩子释放负面情绪，这样才有益于儿童的心理发育。

宝宝情绪教育的原则

察觉孩子的情绪。孩子如同成人一样，他们的情绪背后有其原因，不管他们是否清楚原因何在。当父母发现孩子有不明来由的生气或沮丧时，不妨停下脚步来了解他们生活中发生了什么事情，并且运用一些方法来引导孩子安全地表达各种情绪。

体察情绪是与孩子亲近和教导孩子的机会。一些父母试图忽视孩子的负面情绪，希望他们的情绪过去，但常发现效果不好。事实上，情绪的抒解需靠父母协助孩子澄清情绪、了解情绪，才不致使情绪扩大或恶化。

同理的倾听和确认孩子的情绪。孩子的情绪需要父母注意他们的身体语言，如脸部表情和姿势。别忘了，孩子也会观察父母的身体语言。因此，父母可以一种轻松但专注的态度和语气、不带质问的反应与孩子进行沟通，如说："你今天看起来有点累。"然后，等待孩子的反应。

帮助孩子以言语表明情绪。当父母看到孩子流泪，可用同理心来反应："你觉得很伤心，是不是？"这不仅让孩子了解，而且学到描述情绪的字眼。研究显示，一个人如能以适当的言语形容情绪，可以帮助自己在神经系统上得到宽心或镇静的效果。当然，不是父母告诉孩子该如何表达情绪，它只是单纯地协助孩子发展表达情绪的语汇。

接下来，再来看看孩子有负面情绪应该怎么办吧。

宝宝负面情绪如何疏导

父母先接纳孩子的负面情绪，不要对孩子说否定的话。

“孩子在生活中流露出负面情绪，其实只是孩子的一种表达方式。不要把它想象得多么严重。”张秀萍表示，不少孩子在面对不如意时，常用的方式就是大喊大叫大哭，有些父母往往被孩子的情绪牵引着，也不冷静了。

面对孩子的歇斯底里，家长极有可能会训话：“为什么老是这么不懂事？”其实，这样说等于否认了孩子的不良情绪。这样做非但不会使孩子负面情绪消失，反而会助长孩子的压抑和否认，会对孩子产生伤害。因为，面对愤怒的父母，孩子不仅要承受自己的负面情绪，还要面对父母的负面情绪，这样的双重负担对于一个孩子来说，更加难以解脱。接纳孩子的负面情绪，就要允许孩子自由表达。

在面对孩子的负面情绪时，家长要保持冷静。很多时候，虽然你的内心是爱着孩子的，可由于你太生气了，表现出来的却是全然的否定、责备，而这会让孩子忽略你讲话的内容，而关注你的情绪。比如，孩子因为贪玩而把旁边早已准备好的牛奶给打翻了，把地板弄脏，你很生气，把他痛骂了一顿。这时候，孩子的注意力就会从“牛奶打翻”转移到“妈妈在生气”上。这就令让孩子认识到错误并加以改正的机会白白溜走。

教会孩子接纳自己的负面情绪，伤心、懊悔都是正常的

不要担心孩子害怕或伤心、流泪，如孩子心爱的东西坏了会有难过的情绪产生，这时妈妈最忌讳的是说“我早跟你说过了，你就是不听，你看，现在知错了吧”。对此类状况，妈妈应该做的是倾听和同情，告诉孩子，自己也曾为一个玩具摔坏而伤心，不过，有时坏了就坏了，也许做任何事情都是于事无补了，可以伤心，可以懊悔。因为不仅你有这样的体会，隔壁姐姐丢了一只宠物狗，也是这样的心情。

当然，父母不要因为害怕孩子伤心，立刻跟孩子表示坏了没关系，可以再买一个新的。倘若选择立刻用拥有的快乐代替失去的伤痛，会让孩子失去体验悲伤情绪的机会，也就无法体验驾驭悲伤情绪的喜悦。只有让孩子学会接纳自己的负面情绪，才有可能自我调节，才有可能控制事情不再往更坏的方向去发展。

合理释放、转化负面情绪

在人的一生中，学会合理释放负面情绪很重要。就像洪水袭来，为它修一条下泄的通道，它就不会泛滥肆虐一样。

孩子遇到学业失败、失去友谊、被老师批评……有很多情绪需要表达，可事实上有多少孩子可以无顾忌地释放出来?所以孩子大都把失败的难受和伤心压抑下去。有一个女孩，考试丢了不少分，老师批评了她，她心里很难受。然而她根本没有任何机会去表露，得到疏导，放学回家路上，碰到外婆，她说："我的腿发抖，今天回去可能吃不成饭，肯定要挨打。"外婆听了心疼不已，陪着她回到家，然而孩子也没免掉一顿打骂。

有了负面情绪不释放出来很危险。发脾气、哭泣、大声喊叫都比默默承受更有利于孩子身心的健康发展，

春秋时期，齐王得了忧思病。齐王便派人请文挚。文挚诊后对太子说：大王的病可治好，但他的病好了，一定会杀我。太子问为什么。文挚说不使齐王发怒，病就不能好，我把齐王惹怒了，我就非死不可。太子说：有我呢，你就开始吧。文挚来到齐王床前，不脱鞋就上床并踩着齐王的衣服问他的病情，齐王怒而不言，文挚又出言不逊，齐王大怒，大叫而起，要手下把文挚拉出去杀了!因为有太子的保护，文挚安然无恙。而齐王这么一怒，病就好了。这是因为齐王的负面情绪得到了发泄。

根据孩子的年龄特点，孩子可以采取几种简单的发泄方式：

哭泣：眼泪常被看成软弱的象征，但哭泣是缓解不良情绪的好方法，哭泣不仅可以释放压力，而且可以增强免疫力，减少疾病的发生。在哭过后，孩子可以立即进入睡眠。

大声喊叫：在心中烦闷、压抑的时候可以在没人的地方或自己的房间里大声喊叫，可以很好地释放自己。

诉说：向同学、朋友诉说心中的苦恼，是很好的解决办法，当然父母也是最好的倾诉对象。

运动：孩子的很多负面情绪往往来自学习，放下手头书本到操场上踢踢球、跑跑步，自然会轻松下来。

旅游：如果时间允许，出去旅游一次也是很好的办法，离开产生负面情绪的环境，投身大自然，让身心彻底放松，然后再勇敢地面对现实。

当然，每个人都有自己释放坏情绪的独特方法，帮助孩子找到它，定会受益终生。

六、是不是大的孩子要让着小的孩子

6岁的心心最近很委屈，因为弟弟一哭，爸爸妈妈就说心心不懂事，又欺负弟弟；心心和弟弟争玩具，爸爸妈妈总是说“弟弟还小，你让着他点”；妈妈给心心买的新帽子，弟弟吵着要，妈妈就说“弟弟哭了，给弟弟吧。”

两个孩子难免出现争抢，不少父母总是对大宝说：“弟弟/妹妹还小，你让让他/她。”这样做，实际上对两个孩子都不好，骄纵了小的，委屈了大的。这样一来，小的会认为自己小所以有特权，大的也被不公正地剥夺了正当利益。

“公平对待”才是二孩家庭最好的教育策略，也最能显示出二孩家庭的优势。

其实有时候孩子们互相抢东西，不是要更多，而是要一样。举一个例子，如果家里只有一个iPad，两人都抢着玩，最后弟弟抢走了，姐姐在一旁委屈失落。这时就需要父母制定出轮流玩的规则，或者提供更有意思的或更多的选择给孩子。比如当一个孩子闲着没有东西可玩时，父母可以陪孩子一起说说话、看看书，引导孩子抒发情绪，分散他的注意力，可能不出一会儿，另外一个也会扔下东西来凑热闹了。

父母也可以引导孩子制定规则。当二宝很小的时候，父母可以和大宝一起协商沟通，听取他的想法和建议，制定出和二宝相处的“规则”。

第三章

二宝出生后，大宝的心理建设

我曾经那么期盼弟弟/妹妹的到来，甚至准备把我最喜欢的玩具给他玩，陪伴他、照顾他。但是，弟弟/妹妹出生了，爸爸妈妈都哄他、爱他，爷爷奶奶、外公外婆都抱他、亲他，亲戚朋友都看他、夸他，没有人理我了！难道有了弟弟/妹妹，就没有人爱我了吗？

一、让大宝参与到照顾二宝的日常生活中

大宝在面对家里多了一个比自己小的宝宝时，作为孩子，适应这样的变化是需要时间的。妈妈们要理解大宝内心的感受，不要强迫大宝立刻接受二宝，而是要充满智慧地引导大宝。

孩子的参与意识都非常强，所以想让大宝尽快地接受刚出生的弟弟/妹妹，最好的办法就是让大宝直接参与到照顾二宝的日常生活中来，这是建立两个孩子手足感情的好机会。

大宝刚开始对小婴儿的成长过程没什么概念，让他参与到照顾二宝的日常琐事中来，他会体会到照顾他人的乐趣，慢慢接受刚出生的二宝，培养出照顾弟弟/妹妹的责任感，还会觉得弟弟/妹妹是因为他的照顾才日渐长大的，就会增添对弟弟/妹妹的亲切感，为将来培养手足之情打下良好的基础。

很多孩子天生喜欢照顾小婴儿，只要父母给予适当的指引，提出适当的要求，大宝就愿意承担很多的家庭任务，逐渐适应家有二宝的生活。

抱抱小宝

妈妈可以尝试让大宝抱抱刚刚出生的二宝，面对柔弱的小宝宝，大宝的内心会非常兴奋，也会激起他的保护欲，为日后建立亲密的手足感情奠定基础。

搂着大宝

妈妈给二宝喂奶时，不妨把大宝也搂过来，这样不仅可以拉近孩子间的距离，大宝也不会觉得妈妈偏心，明白二宝的到来不会让他失去爱，而是会给他带来更多意想不到的生活乐趣。

让大宝帮忙

让大宝帮助妈妈做些力所能及的事情，比如给二宝喂奶、洗澡、穿纸尿裤等，大宝就会知道，原来小婴儿这么小，没有牙齿，不会吃饭，不会说话，不会走路，他就会理解为什么妈妈会花费许多时间来照顾二宝了，从而减少对二宝的嫉妒心。注意前提条件是不要逼迫大宝做他不愿意做的事情。

二、维持大宝原有的生活秩序

稳定的环境对孩子的安全感有着至关重要的作用。但二宝出生后，家庭增加了一个成员，会增添许多工作，整个家庭难免会手忙脚乱一阵子，对孩子的照顾就会顾此失彼，这样的阶段不可避免。

在二宝出生前，大宝已经建立了一套习以为常的生活秩序，但是二宝出生后，这种生活秩序被打乱了。比如，大宝本该早上7点半吃早餐，可是因为妈妈要给二宝喂奶、洗澡，现在8点多才能吃早餐；本来晚上9点就要听睡前故事、上床睡觉，可因为妈妈要照顾二宝，来不及讲故事，只好推迟到9点半，才草草讲一个故事，哄大宝睡觉；本来大宝放玩具的地方，现在放了二宝的玩具；本来是大宝的游戏室，现在变成了二宝的房间……

种种猝不及防的变化，很容易让大宝情绪低落、沮丧，甚至愤怒，心里会认为“爸爸妈妈为了二宝不理我了，他们不爱我了！”

因此，二宝出生后，爸爸妈妈要尽量维持大宝原有的生活规律，要尽量和之前保持一致，不要差别太大，这样可以让大宝更容易适应。

作息时间不要变动太大

作息时间要尽量做到和以前一样，不要相差太多。按照以前的时间起床、吃饭、讲故事、睡觉。不要让大宝觉得因为二宝的到来，自己不受重视了。

维持相对固定的日常活动

在固定的时间安排类似的活动。比如二宝出生前，上午10点是户外活动的时间，二宝出生后，每天在这个时间还要带着大宝去公园散步或运动；每天晚上睡觉前是讲故事的时间，爸爸或妈妈不管多忙，都要给大宝讲故事，哄大宝睡觉。

统一的生活习惯

以前大宝起床自己穿衣服、吃饭前洗手、自己的玩具自己归位等，这些日常程序要按照统一的要求来，良好的生活习惯可以让日常生活更加轻松有序。

时刻关注大宝的需求

爸爸妈妈要表现出自己时刻都在关注老大的需求，可以将大宝的物品，如绘本、零食、拼图、玩具等，与二宝的奶瓶、尿不湿、摇铃等放在一起。这样即使妈妈在给二宝喂奶，只要大宝提出陪伴的需求，妈妈就能够快速反应，随手拿起物品满足大宝的需求。

三、让大宝慢慢适应有二宝的生活

二宝出生后，为了不让大宝排斥二宝，甚至出现争宠的现象，爸爸妈妈一定要照顾好大宝的情绪，给他时间去适应有弟弟/妹妹的日子。比如一起给小宝换衣服，洗澡或者讲故事等，并及时给予大宝表扬和鼓励，让他有当哥哥/姐姐的成就感。

让大宝看他自己婴儿时的照片

爸爸妈妈可以和大宝一起坐下来，一页一页地翻看相册里他婴儿时的照片，让他看看他刚出生、从医院回到家里以及给他喂奶、换尿布时他的样子，告诉他："你小时候也和二宝一样小，当初爸爸妈妈也像照顾二宝一样照顾你，现在你可以和我们一起照顾二宝，就可以看到你是怎么一天天长大的。"让大宝产生共情，不再排斥二宝。

让大宝产生大孩子的自豪感

可以让大宝在家里承担一项任务，让他摆脱"我也想做个小宝宝"的忧郁心情，在思想上和行动上尽力提升他的重要性。比如给大宝一个职位，告诉他你需要他的帮助，可以对他说："妈妈的好帮手，请帮我把尿布拿过来。""小超人，替妈妈把弟弟的衣服拿过来。"大宝帮忙之后，要表扬他，肯定他的作用，让他产生作为大孩子的自豪感。

四、消除大宝对二宝的敌意

二宝出生前，大宝独享爸爸妈妈的宠爱和关注，而二宝的到来，不仅“瓜分”了爸爸妈妈的爱，还会让大宝做出“牺牲”：好吃的、好玩的都要跟弟弟/妹妹分享，跟弟弟/妹妹吵架了被批评的永远是自己……

洛洛本来是一个脾气很温顺的小姑娘，跟邻居家的小伙伴们也相处得很融洽，所以洛洛妈很放心地生了二宝。谁知道自从有了二宝，洛洛就渐渐变了，她变得老是和二宝抢妈妈、抢玩具、抢吃的、抢关注，甚至逮到机会就动手打二宝。洛洛妈和洛洛爸反复跟洛洛说他们最爱的还是她，可是一点用也没有。

大宝为什么对二宝充满敌意

当大宝发脾气时，他所感受到的是：担心自己没有弟弟/妹妹乖巧的恐惧感，失去在家庭中独一无二的地位的失落感……这种沮丧的感觉让他无法承受，所以他动手打人，用这种方式发泄自己感受到这些情绪。

怎么消除大宝对二宝的敌意

大宝攻击二宝，对二宝充满敌意，是因为他感受不到父母的爱。所以，爸爸妈妈必须重建和大宝之间信任及爱的联接，帮助大宝处理这些纠结的情绪。

不要当着二宝的面批评大宝

当大宝做了错事的时候，家长要单独和他谈，尽量不要当着二宝的面批评他，这会让大宝觉得难堪，说不定还会心存误解，认为爸爸妈妈不爱他，不照顾他的情绪。

不强迫大宝分享自己的玩具

大多数家长(尤其是长辈)都会说大的要让小的，但是大宝都是很敏感的，因此在拿玩具给二宝前，一定要先知会大宝并征询他的意见。

理解大宝，引导大宝表达内心的情绪

当大宝说“我讨厌弟弟”时，爸爸妈妈千万别说“弟弟多可爱，你应该喜欢他”，这只会让大宝觉得自己不被理解，在逆反心理作用下，他会更讨厌二宝。父母应该耐心地倾听大宝的想法，问他为什么讨厌二宝，引导孩子说出心里的想法，并且认同孩子的情绪，“你讨厌二宝是正常的，因为你还不习惯家里多出一个人”，要把孩子的情绪和想法正常化。

向大宝表达爱，给大宝信心

很多父母会跟大宝做保证“爸爸妈妈最喜欢你了”，殊不知这种不真诚的保证，本身就是爱的分级的一种体现。父母应该告诉孩子，他和二宝对爸爸妈妈来说都是特别的，爸爸妈妈给他们的爱是一样多的。父母还可以具体列举一些大宝的优点和可爱之处，让大宝相信自己“值得被爱”。日常生活中，爸爸妈妈对待两个孩子一定要一视同仁，不要偏袒。

不要拿两个宝贝做比较

有时候大宝对二宝的敌意是父母造成的，因为父母一不留心就会拿两个宝贝做比较，例如“弟弟都乖乖喝奶，你都不乖乖喝”“弟弟按时睡觉，你还不睡觉”等，让大宝对二宝心生不满。建议以赞美及鼓励代替比较，会减少纷争。

每天抽专属时间与大宝待一起

每天花半个小时与大宝待在一起，这段时间百分之百地属于他，让他决定你们在这段时间做什么。他会很享受成为你关注的中心，知道他对你很重要。更重要的是，他会知道你确实喜欢和他待在一起，这是他重建自我价值的基础。

五、大宝脾气越来越坏怎么办

弟弟出生前，5岁的小西对他的到来很是期待，天天追问弟弟什么时候来，什么时候可以陪她玩。可是等到弟弟出生后，小西的情绪却不稳定起来，有时候出人意料地乖巧，有时候却莫名其妙地发脾气，大哭大闹，缠着妈妈陪她睡觉、吃饭，有一次还把玩具扔到了弟弟身上，让他离开自己的家。

二宝出生之前，大宝是家里的中心，玩具是自己的，零食是自己的，爸爸妈妈只爱自己一个人。有了弟弟/妹妹后，爸爸妈妈把精力都投入到了第二个孩子身上，对大宝的关心减少了。房间被占了，玩具被占了，妈妈被占了……大宝就会有种被抛弃的感觉，这种“失宠”的感觉，年纪较小的孩子还无法用语言来表达，便会表现在行为上。比如变得爱发脾气、不讲道理、时常哭闹，来吸引家长的注意；或者出现退化行为，例如原本已经不尿床了，如今又开始尿床；甚至故意捣蛋，趁父母不注意时，偷偷地打骂弟弟/妹妹。

吸引爸爸妈妈的注意力

大宝不停地把爸爸妈妈叫到他的身边，“妈妈，你来一下!”“妈妈，你看我画的画!”“爸爸，陪我看动画片!”

妈妈这样应对

如果你实在没有办法抽出一个整段的时间陪大宝出去玩，不如就趁着照顾小宝宝的间隙，多陪陪大宝，让他享受一下“霸占”你的待遇，哪怕是5分钟也行，给他讲个小故事，玩一会儿游戏，让他感觉到父母的关爱。

嫉妒妈妈给二宝喂奶

当妈妈把小宝宝抱在怀里给他喂奶时，大宝就开始黏在妈妈身上，甩也甩不掉。他吵闹着让妈妈给他切水果、讲故事、穿衣服……

妈妈这样应对

喂奶是最容易让大宝产生嫉妒情绪的时刻。你可以在喂奶前找出几分钟时间，和老大玩一会儿或者把他搂在怀里，之后给他几个玩具，让他自己安静地玩一会儿。

让大宝参与到照顾二宝中来也是个不错的办法。比如给二宝喂奶时，和大宝一起唱唱歌、说说话，告诉他：大宝能喝牛奶，小宝就不行，他只能喝妈妈的奶。

行为退化

大宝早就不用纸尿裤了，可自从小宝到来之后，他居然又要求穿回纸尿裤，有时还故意尿裤子。他认为只要自己变小一点，变淘气一点，妈妈就能更多地照顾他。

妈妈这样应对

表现出积极的态度和对孩子的关心。比如他尿裤子了，你可以对他说："只差那么一点就可以尿在马桶里了。下次想尿尿的时候，可以早点跟妈妈说啊。"

发脾气

因为二宝需要照顾，妈妈常常不小心就忽视或者忘记了大宝。大宝为了表示抗议，会发脾气说：“我再也不喜欢妈妈了。”“你走开，我要爸爸。”甚至，只要在小宝出现的地方，他就不和妈妈说话，也不肯吃饭。

妈妈这样应对

你可以替他说出不满的情绪：“宝贝，妈妈知道你看见我只照顾二宝，很生气，很伤心。”但你也不要太内疚。因为每个阶段花在不同孩子身上的时间不一样是正常的。你可以让老公或者其他人照看一会儿小宝，这样你就可以多一些时间和大宝单独相处，给他讲个故事、洗个澡，或者和他一起准备午饭等。

TIPS

“先护大后护小”不代表无条件偏袒

小宝出生后，妈妈投注在大宝身上的感情和注意力的确会减少。这种情况下，大宝出现一些行为问题，变得不乖了，爱闹了，爸爸妈妈可千万不要训斥打骂，忽略大宝的心理感受。要尽量平等地对待两个孩子，让孩子感受到父母的爱不会因为一个新生命的诞生而减少，让大宝认识到他得到的爱和温暖并不会改变。比如可以给大宝播放一些他小时候的视频，让他知道原来他也曾经被无微不至地照顾过，他就会变得理解父母的做法。

六、给孩子轻松的成长环境

现在的父母也是不容易，以前都是孩子想办法达到父母的要求，现在是父母要想办法满足孩子的各种要求。为了让孩子更优秀，为了让孩子避开父母当初走过的坎儿、绕过父母当年走的弯路，很多父母不断苛责自己，一心想要做得更完美，不惜把原生家庭里的期许和压力传递给孩子，让自己和孩子都负重累累。

完美父母之——“给孩子最好的”

很多父母为了当完美父母，一头扎进各种育儿论坛、专家讲座，学习劲头比当年高考时还大。学完之后就在日常生活的每一个细微环节逐条对比，按章办事，生怕自己没有“给孩子最好的”。每当有些地方没有和育儿专家的理论相符合，就觉得自己是个不称职的父母，让孩子“输在了起跑线上”，甚至担心影响孩子的一生。这些父母不但自己时常充满挫败感，也对孩子达不到自己的要求而感到失望至极。

事实上，育儿不是按照一个标准去塑造孩子，而是参考孩子的天性与家庭条件等客观因素，对孩子进行引导与开发。并且也不存在完美的教育，父母不必过于迷信专家、学者的一家之言，因为真正了解孩子的是父母。只要抓住育儿的基本原则与规律，便可以自主性、创造性地去育儿。

另一方面，父母以“完美”的准绳要求自己，很容易令自己的神经处于紧绷的状态。而处于高压状态下的人，他的耐心、情绪和自制力都会打折扣，反而会导致更多的冲突和矛盾，而且很可能就会把压力转嫁到孩子身上，孩子也会出现急躁、发脾气、易哭等各种表现。与其这样双输，倒不如放松心情，承认并坦然面对自己的不足，以乐观和开放的态度去对待这些事情，用自己的心来教育孩子。父母放松的情绪与心态，就是给孩子最好的爱。

完美父母之——过分紧张

在养育孩子的过程中，很多爸爸妈妈会过分紧张，尤其是有两个宝宝的家庭。当大宝出现反常行为时，妈妈就担心是自己引导得不对；大宝焦虑、发脾气，妈妈就跟着焦虑，害怕孩子心里留下阴影；大宝和二宝为了争夺玩具而哭闹，妈妈又深深地忧虑该怎么让两个孩子相亲相爱，并且在心里怀疑自己生二孩到底对不对，能不能把两个孩子培养好等。

其实，父母大可不必背上如此沉重的压力，也不要把孩子想得太脆弱，孩子哭几声也不会哭坏，很可能转身就高兴起来了；俩宝吵架，你在那忧心忡忡，转眼人家就已经抱在一起，相亲相爱了。父母整天战战兢兢，想得太多，只会越来越累，压力越来越大，越来越不开心，育儿技巧再熟练，恐怕也没办法做到高质量地陪伴孩子。因为孩子想要的很简单，就是每天都高高兴兴的爸爸和妈妈啊。

TIPS

育儿四忌：

“哭必哄”“摔必扶”“嚷必阻”“玩必陪”。给孩子一个成长的空间，允许他们犯错误，才是信任孩子与尊重孩子的正确做法。

完美父母之——时刻保持完美形象

有的父母为了面子，非要在孩子面前保持“完美”形象，什么都要做到最好。孩子有了什么问题，也大包大揽，替他做好，给孩子一种“爸爸妈妈无所不能”的感觉。

但是父母过分的无所不能，会挫伤孩子的自信心与自尊心，让孩子习惯于依赖你；什么都为孩子做到最好，会让孩子觉得你的付出是理所当然的，而不知感恩；试图为孩子解决所有的问题，不但很累，事实上也不可能做到。而当你无法做到的时候，不管是自己还是孩子，心理上的落差都会引发不好的情绪。所以，有时候可以直接告诉孩子，这件事情我们尝试过、努力过，什么样的结果都可以接受，我们要的是享受过程的快乐。

世界上从不存在完美，也不可能存在。放松自己，降低对自己的要求，也降低对孩子的期望，不要追求当“完美父母”，也不要想着培养出“别人家”的孩子，珍惜与孩子相处的时光，与孩子一同成长，做一个“完整的父母”，而非“完美的父母”，给孩子一个“完整的教育”，而不是“完美的教育”，才是给孩子幸福人生的重要一步。

七、父母怎么应对孩子被逗弄

几乎每个妈妈都遇到过孩子被别人逗的情景，尤其是有了二宝之后，很多大人经常会跟大宝说“你妈妈有了弟弟/妹妹，就喜欢你弟弟/妹妹，不喜欢你了”诸如此类，拿孩子的天真幼稚来取乐，孩子越是慌乱着急，他们就觉得越有意思。

虽然有些大人可能是将逗孩子理解为是哄孩子的方法，并不是为了看孩子当众为难，这主要是缺乏养育经验导致的。但是由于小孩子无法完整、准确地向家长表达内心的感受，很多“逗”小孩的不当作法，会给孩子留下各种伤害和心理阴影。

孩子容易把大人的玩笑话当真，他听到这样的话会觉得很恐惧，没有安全感；此外，怂恿孩子做坏事会让孩子是非不分，怂恿孩子打人、抢别人东西还会强化孩子的负面行为，助长孩子的攻击性。以下常见的逗孩子招式，父母一定要第一时间制止，千万不要碍于面子而保持沉默。

孩子被逗，家长如何应对？

戏弄

有的孩子长得比较胖，有时大人会戏称其“小胖墩”“小胖妞”。孩子听到这样的称呼，会感到自己不被尊重。在不被尊重的环境当中长大的孩子，也不懂得如何去尊重别人，他的人格建构当中就形成“别人不尊重我，我也不尊重别人”的倾向。正因如此，也导致我们的世界里有很多人不懂得如何尊重别人。

引诱

“去打李叔叔一下，我就给你买好吃的。”“喝一口白酒，看你是不是男子汉。”大人用物质和语言诱导儿童干坏事，还经常伴随“真勇敢”“好样的”等夸奖或一些物质奖励，而干了“坏事”的孩子也会洋洋自得，是非不分。

欺骗

故意教孩子叫错人。比如，让孩子叫明显是“叔叔”的人为“爷爷”，故意教小孩将“叔叔”叫成“阿姨”，或将“阿姨”叫成“奶奶”等。伴随小孩叫出错误称呼而来的，往往是大人的一番哄笑，而小孩则显得不知所措，甚至不敢相信别人。

吓唬

“有了小弟弟，你妈妈就不爱你啦！”“你不听话，爸爸妈妈再也不回来了！”“快让我亲亲，不然阿姨把你带回家啦！”这些大人常常挂在嘴边逗孩子的话，对孩子来说仿佛噩梦一般，他们无法辨别此话的真伪，只能在他们心里增添许多不安。

孩子被逗，家长如何应对？

亲戚朋友逗孩子，碍于情面不好拒绝，但不站出来制止又会对孩子造成伤害。大人要怎么办？

支招

在二宝出生前，父母就应该提前和亲戚朋友打招呼，不要逗大宝，并且在看望二宝的时候，一定要先和大宝问好或拥抱，再去看二宝。如果还有人不知好歹逗大宝，父母可以很智慧地用借口带孩子走开，或直接跟他们说孩子不太习惯这样的方式进行交流。

在不可预知的场合，别人逗大宝，父母可以委婉地提醒别人不要这么做。比如有人逗大宝时，你可以告诉大宝：“叔叔在和你开玩笑呢，他说的不是真的。”如果不起作用，你可以态度坚定地告诉对方：“不要这样逗孩子，他会当真的。”事后要和大宝交流，告诉他妈妈永远爱他，大人们这样做是不对的。

如何帮助孩子增强内心的力量？

支招

很多中国人不懂得如何去尊重孩子，把孩子当成一个玩物、动物或玩具。“逗”字直接体现我们对孩子的不尊重，没有把他们当成有独立人格的个体来看待，这是中国文化当中的缺失，才会导致大家觉得逗孩子是件开心的事情。很多成年人没有从上一辈那里学到正确的育儿方式，这也导致他们以类似的方式对待下一辈。

我们的孩子不是生活在真空当中，总是会遇到不喜欢的场景，这是他要生活的环境，如何增强内心的力量，轻松学会应对也是一门学问。只要家长不要当帮凶，不是沉默无语，只要家长能够站在孩子身后给他一些支持和帮助，做他的后盾，也给孩子起到示范作用，教会孩子如何与别人交流，如何表达自己的观点和感受。到孩子长大一些以后，他也知道如何去面对。

不要抱着谁逗我们家孩子就跟他没完，甚至撕破脸的心态，一开始就怀有很大的敌意，那又趋向于另外一个极端了。而且这样会给孩子传递一种信息：谁都不要来惹我！这也是不好的，孩子一点都逗不得，那肯定也不是好事情。

第四章

家有两宝的
幸福生活

这个世界有绚丽的色彩、美丽的风景，无数的美食、美妙的音乐和鸟的啼鸣，有漂亮的雪花，挥舞着翅膀的蝴蝶，有参天的大树和飞翔的鸟儿……而我，有你——我的兄弟姐妹，陪我一起成长，一起欣赏这个世界的神奇和美丽，一起拥有这无法诉说的陪伴带来的满满的幸福。

一、父母的角色决定亲子关系的质量

家庭是一个孕育人格、提供最早的社会化的场所，父母亲的角色扮演对孩子的影响很大。孩子是家长的镜子，家长是孩子的榜样。父母在教育孩子中扮演的角色好不好，决定了亲子关系的质量，而良好的亲子关系能使家庭教育达到事半功倍的效果。

做孩子的朋友，不做“法官”

孩子会遇到一些让他不解、让他烦恼的事情，如果没有一个有耐心的人倾听他的心声，他就会把这些消极的情绪压抑在心里，时间一长，这股负面的能量由于得不到及时的释放，会越积越多。等到他承受不了的时候就会以歇斯底里的形式爆发出来，使得孩子的精神世界崩溃。孩子成长的过程中，必须被倾听，他才能把他的错误想法表述出来，把他的消极情绪消解掉。

家长在孩子的生命里最重要的角色之一是做孩子的知心朋友。只有这样，孩子才能向家长敞开心扉，把他的心里话跟家长说，家长才有机会了解孩子的内心想法和他外在行为的内在原因，给孩子提供正确的指导。通过分享孩子内心的感受和痛苦，消除孩子的孤独、无助、恐惧、焦虑等情绪问题，使孩子产生正面的情绪，从而产生健康成长的动力。

鼓励孩子，做孩子的“啦啦队”

孩子最初的生命动力来自于父母的欣赏、鼓励和表扬，他之所以要做各种各样的事情，最深层的原因是渴望获得父母的认可和关爱。在孩子的世界里，他们最害怕的是他们的所作所为无人在意。当他在做事情时，如果没有人为他高兴为他喝彩，他就会兴味索然，失去继续做下去的热情和兴趣。

家长应关注孩子的成长，就像啦啦队队长一样，站在远离运动场的看台上，为孩子的进步欢呼，为孩子加油助威，既要善于发现并赞美孩子的优点和努力，还要引导孩子正确面对失败，在孩子遭遇挫折时做他的战友。

做孩子的精神支柱，不当“驯兽师”

在一个孩子的最初生命里，需要至少一个成年人，无条件地接纳他，无条件地爱他，用欣赏的目光关注他，不断鼓励他，经常表扬他，及时确认他的优点，花大量的时间陪伴他等。

当孩子的行为有偏差时，父母要停下来，给孩子倾诉的机会，和孩子有效地沟通，有效地解决问题。而不是做一个没有感情的“驯兽师”，把孩子往自己想要的方向驱赶。孩子不是为了满足家长的愿望和梦想才来到这个世界的，他有自己的使命，家长要尊重他们。

二、根据孩子的身心发展设计游戏

很多父母动辄花几百元给孩子买玩具，想让孩子玩得更尽兴。但细心的家长发现，孩子对这些玩具的热情度并不高，玩两三天就丢到一边了，但是他们对于路边的石头、沙子以及一些木块等玩具，却有着持久的热情。

孩子们善于用自己的想象，借用那些简单的物品“创造”游戏，比如把床单搭在两把椅子上，就成了一座房屋、一座帐篷、一个避难所，并在里面制造了各种各样的故事。

其实孩子最好的玩具是经改造和发明后的家庭常见物品，这能让孩子感受到生活的情趣与美好，同时激发孩子的想象力与创造力。而且不同年龄段的孩子，喜欢玩的游戏跟他们的身心发展程度有关系，所以要区别对待。比如随着孩子年纪的增长，他所玩游戏的难度也在增长，所以对不同年龄段的孩子，不能一概而论。

8个月：爬爬更开心

当婴儿会爬的时候，他们接触和观察到的就不止是他们身边的事物了，他们的眼界逐渐扩大。爬行能够促进幼儿的脑对手和脚的控制，以及手、脚和眼的协调一致。

此时，妈妈与宝宝可以进行爬行游戏，比如匍匐前进、人仰马翻、勇往直退等，促进幼儿大脑对手和脚的控制，为下一步的独立行走打下良好的基础。

1岁半：爱上扮演角色

此时妈妈可以和宝宝一起玩“角色扮演”的游戏：妈妈装作生病了，让宝宝来学着医生的样子为妈妈治病；也可以让两个孩子一起玩，一个当妈妈，一个当宝宝，“妈妈”给“孩子”喂饭、喝水等。这些游戏符合这个时期孩子的发展特点，同时能让宝宝学习成人行为的特点，可以发展孩子其他方面的能力。

2岁：模仿游戏

模仿游戏是宝宝成长必需的游戏，可以培养宝宝的创造力，也可以丰富宝宝的生活体验。

爸爸妈妈们要鼓励宝宝多模仿，比如让二宝模仿大宝的行为，或者让宝宝做妈妈的“跟屁虫”、做爸爸的“小影子”，让宝宝体验大人的生活模式；父母也可以积极参与进来，和大宝二宝一起模仿各种动物等，让家庭氛围热闹起来……这对他们良好性格的养成有很大的帮助。

TIPS

模仿游戏要注意安全

由于孩子的知识有限，有些模仿行为对孩子来说是很危险的。比如孩子模仿卡通片中的小动物，把雨伞当作降落伞从家中的窗户往下跳，结果导致摔伤。因此，家长一定要对孩子模仿的对象加以限制。

3岁：爱上沙和水

3岁之后，是孩子游戏的高峰时期。由于他们能力的发展，这个时候的孩子可以利用所有的东西进行玩乐。而且沙和水是自然界中容易获得的资源，安排孩子玩沙和水，可让他们在全无压力的条件下尽情享受和探索。

4~5岁：有规则的游戏

此时的孩子开始喜欢有规则的游戏，他们能懂得游戏规则的重要，还懂得一些具有一定目的性的游戏的含义。

可以做一些逼真的角色扮演游戏，比如穿上充分体现所扮演角色特点的服装，十分认真地扮演男角或女角；或者用积木搭起楼房和建筑群，玩起更逼真的形象的扮演游戏。此时父母也可以和孩子一起玩一些有游戏规则的游戏，比如警察和小偷、医生和病人等。

5~6岁：合作性的群体游戏

这时的孩子合作意识增强，他们会选择自己喜欢的同伴，三五成群地一起游戏。他们在游戏中能很好的分配各种角色及工作任务，同时形成一种他们自己认同的规则，并努力遵守。同时他们也非常喜欢进行一些竞赛性的活动，家长们可以安排一些竞争性的游戏，比如二人三足跑，两人相互配合用三条腿跑步，可以增进亲子间情感的交流，培养孩子们的集体荣誉感和上进心。

三、孩子爱上了角色扮演

细心的妈妈会发现，孩子大约从1岁半开始，就喜欢上了“扮演游戏”，比如假装打电话、将小凳子当马骑等；等宝宝的语言进一步发展以后，他还会要求爸爸妈妈，或者兄弟姐妹一起假扮国王、王后、公主、王子等角色，演得有模有样。

不同年龄的扮演游戏

1岁半时用玩具电话假装打电话，用奶瓶来假装喝水。

2岁左右，会用木块代替电话，用手指代表牙刷、枪等。

3岁时，模仿妈妈给自己喂饭、洗脸。不久以后，会假装自己是妈妈，给洋娃娃喂饭。

4~5岁时，能协商游戏主题，创造并扮演很多角色，比如“假装你是个宇航员，我在操纵控制塔”“我正在建太空船”等，非常娴熟老练。

扮演游戏的积极意义

体验各种感情

孩子在角色扮演中时而扮做宇航员，时而扮做小动物，还要安排情节的持续发展，其内心情感的跨度是惊人的。在这个过程中他能够体验到各种角色内心的情感；同时，还可以宣泄他在生活中积累的焦虑、压抑等坏心情。

熟悉社会角色

孩子经常会扮演家庭场面或者经常看见的职业人员，如扮做爸爸妈妈、医生、商人、警察、消防员等等。通过这种方式，不仅能帮助宝宝了解各种职业的基本特征，而且有助于宝宝洞察自己和周围世界之间的联系。

提高社会认知和适应能力

“扮演游戏”能提升孩子的多种智力能力，包括记忆、语言、逻辑推理、想像力和创造力，以及对自己思想的反映能力和应用另一观点的能力等。实践证明，那些花更多时间在社会性游戏中的孩子，一般在智力发展方面要更超前，能更好地理解别人的感受，社会适应能力更好。

TIPS

角色扮演家长也可以参与

在孩子进行角色扮演时，父母也可以参与其中，能起到很好的指导作用，而且会大大增强孩子对游戏的参与热情。比如演“森林大会”，可以让爸爸扮演大象，妈妈扮演长颈鹿，孩子扮演小兔子或者小袋鼠，他就会非常兴奋的去表演，而且会演得很认真很投入。

对于角色扮演来说，趣味性是很重要的。父母可以多准备一些道具，多和孩子沟通，增加一些好玩有趣又长知识的情节，来活跃气氛，增加亲子感情。

四、正确看待孩子间的打闹

日常生活中常常会发生两个孩子为了争玩具、为了在游戏中争一个角色而发生争执，甚至会出现动手打架的现象。很多父母一看两个孩子发生争执了就赶紧上去当裁判调解，或是命令一个让着另一个，将“战争”的火苗消灭在萌芽当中。

其实，小朋友之间的打打闹闹是常有的事情，父母要正确看待孩子间的争执，不必太过紧张或者大动肝火，而是要帮助他们培养正确的态度与处理方式。

争执是儿童社会化发展的重要内容

孩子是社会中的一员，他们要学会如何与人交往，学会处理好自己与周围人之间的关系，处理好自己与事情、自己与别人之间的关系。在这一过程中难免会与他人产生矛盾，而要学会解决矛盾的本领，正是从孩子的争执开始的。

当孩子在面对这些问题时，会试着自己寻找解决问题的方法，争执则是寻找解决问题的方法的开始。所以说，孩子的争执是孩子社会化发展的开始。

争执可以提高孩子解决问题的能力

在争执中，孩子学会了用言语来申辩，在这个过程中，他们可以逐渐认识自己与别人之间的关系，学会相互之间理解、合作，建立正常的伙伴关系。这对于他们长大后处理人与人之间的关系大有益处。

争执有利于孩子个性发展

多数情况下发生的争执对孩子成长是很有价值的。在争执的过程中，孩子们丰富的想像力和表达能力得到了提高，还锻炼了辩论的才能。最主要的是，他们都表现得很有主见，不轻易放弃自己的目的。这些性格特点也是很重要的。

五、引导大宝照顾二宝的生活

都说“老大照书养，老二照猪养”，养老大做的功课大大省了养老二时要做的准备工作。更重要的是，两个孩子大了自成玩伴，自娱自乐，不用父母太操心。

大宝不仅可以带二宝玩，还可以在爸妈不在家的时候辅导二宝读书、照顾二宝生活等，解决了爸妈很多的后顾之忧。当然两个孩子的关系要处好也不是那么容易，需要父母好好的引导。

培养老大对老二的拥有感

怀孕时就要跟老大分享对老二的共同期待，给他讲小baby是如何一点点长大的，让他感受着二宝的一天天长大；二宝出生后邀请他亲手挑选礼物，跟爸爸一起去医院接二宝和妈妈回家。让他始终觉得他和爸爸妈妈是共同期待二宝的团队，他也是迎接二宝的到来以及面对二宝未来的成长的重要一分子；二宝是他的弟弟/妹妹，不是别人的。

树立大宝的权威感

在两个孩子发生矛盾是正常的，只要没有危险，让他们自己解决就好，家长尽量别插手。这是他们学习如何面对冲突、解决冲突、培养社会技能的最好时机，同时也能够树立大宝的权威，为管理二宝、减轻父母的负担做准备。

六、正视孩子的独占欲

孩子总是喜欢独占他喜欢的东西和人。当他开始认识到这是“我”的东西的时候，别人就很难从他手中拿到那个东西了，他会把食物或者玩具紧紧地攥在自己的手里，眼睛非常警惕地盯着你，防止被你抢走。

安安一直是个安静温和的小女孩，妈妈经常说安安好养，不用大人太操心。唯一让妈妈头痛的是，安安不喜欢跟别人一起玩，也不喜欢把自己的东西给别人用。弟弟刚出生的时候，妈妈拿出安安小时候的毯子给弟弟盖，安安非常生气：“那是我的毯子，为什么要给他盖！”并气愤地拿走了毯子，非要自己盖。弟弟长大一点了，要玩安安的玩具，安安不给，把所有的玩具都放在自己周围，并“呵斥”弟弟说：“这些都是我的，你不能玩！”如果弟弟不小心“抢”走了安安的玩具，安安就会追在后面，一定要把玩具要回来。

这个时候，孩子已经开始具备物权概念。如果你试图挑战孩子的独占欲，他就会嚎啕大哭以示抗议，弄得你不知所措。父母要正视这一正常现象，并运用科学的育儿方法来引导孩子学会分享。

孩子不爱分享的原因

过分溺爱

现在的家庭结构简单，孩子就是家里的小皇帝、小公主，爷爷奶奶、外公外婆、爸爸妈妈的宠爱集于一身，这让孩子往往只考虑到自己。他会将好吃的、好玩的独占了，不会想到要孝敬长辈；在和伙伴、兄弟姐妹交往的时候，也都以自己的需求为出发点，把最好的留给自己，把自己喜欢的先抢到手，拿到后就贴上自己专属的标签，不愿再拿出来分享。

缺少同伴

现在独生子女多，二胎家庭里的大孩子，在二宝出生前也是一个人，没有兄弟姐妹的陪伴，也没有同龄小朋友的陪伴，孩子变得越来越孤独。孩子缺乏与同伴交往的经验，导致他们以自我为中心，不顾及他人感受，很少关心他人的需求，不能与同伴和睦相处，也不会分享。

缺乏安全感

本来是独享全家宠爱的大宝，突然又有了一个小宝宝来争宠；或者周围都是陌生人；或者受到同伴的欺负时，孩子会感到害怕或者没有安全感，而熟悉的东西可以给他心理上的支持和安全感。在这种情况下，让他把自己赖以依靠的东西拿出来与别人分享，是任何一个孩子都无法接受的。

怎么让孩子有分享意识

不要娇惯和溺爱孩子

不要过分地溺爱孩子，无限制、无条件地满足孩子的任何需求，给予他特殊的地位。应该适当地让孩子明白他所得的不是理所应当的，而是大家因为爱他而给予他的。

在日常生活中，要让孩子学会感恩和感谢，学会把自己喜欢的东西拿出来跟大家共享。当孩子学会了在他人给予他东西时表示感谢，那么独占心理也就不会在孩子身上滋长了。

扩大孩子的交往范围

同伴交往对孩子的社会发展和个性成长至关重要。爸爸妈妈应该给孩子创造更多的机会让孩子与其他小朋友们一起玩，减少孩子在交往中的不安全感。可以让孩子邀请小伙伴到家里一起玩，让孩子在与同伴的游戏及交往中，变得大方得体，并学会与人交往的技巧，养成关爱他人、谦让友好的行为习惯。

鼓励孩子分享

当孩子因为缺乏安全感而喜欢独占玩具时，父母应该鼓励孩子，让他知道能给他安全感的不仅只有爸爸妈妈、爷爷奶奶、外公外婆，还有那些一起玩耍的小朋友们。当孩子和其他小朋友熟络起来以后，他的那些不安全感也会渐渐消失，慢慢地，他就会愿意和别的孩子一起分享了。当孩子表现出与他人分享的行为时，家长应该及时鼓励表扬，让孩子看到你们的肯定，感受到分享的快乐。

TIPS

教孩子学会分享的小方法

- 在家里时常让孩子把玩具拿来和爸爸妈妈，甚至爷爷奶奶一起玩，让他感受到和他人共享玩具的乐趣。
- 假日里带孩子到有小孩的朋友家作客，带几件玩具去，组织他们一起玩。一开始孩子可能会不习惯，但次数多了会有改变，经常给他提供机会，让孩子学会交朋友。
- 有时间多带他到公共场所玩游乐设施。让他学会遵守游戏规则，和小朋友们轮流玩滑梯、秋千等。
- 平时和他讲分享的故事，告诉他分享的意义和快乐。
- 如果孩子已经两岁半，可以送他上幼儿园。家里的环境“独”，容易养成孩子自顾自、不尊重其他人的毛病，而幼儿园有很多小朋友，容易让他养成谦让、共享、关心他人的好品德。

七、教孩子学会等待

“我的孩子什么都好，就是脾气急，想要什么马上就要拿到手，一刻也不能等！”

“我们家女儿任性得很，新玩具一定要自己玩够了，才给弟弟玩。”

……

家长们聚在一起的时候，很容易发现相当一部分孩子有一个共同的特征：不能等待。尤其是两孩家庭里，大宝和二宝的明争暗斗让这种特质更加明显：轮流玩新玩具？不行！轮流和妈妈亲亲？不行！轮流和爸爸出去玩？不行！

从心理学的角度来说，这是因为孩子缺少一种重要的心理能力——自我延迟满足能力。父母在日常生活中，要有意识地在各个方面培养孩子的自我延迟满足能力，以下建议父母可以借鉴一下。

教给孩子等待的策略

教孩子在等待时转移注意力。比如，等着坐碰碰车的时候，让孩子玩玩别的玩具，或者讲讲故事、唱唱歌，让等待变得有趣。

发挥语言的功效。在孩子快要控制不住自己的时候，可以教孩子提醒自己：“我排第二个，再过一会儿就轮到我了。”

让孩子多玩规则性的游戏

规则游戏能给孩子很多延迟满足的练习机会。通过这些游戏，遵守游戏规则、克制自己，还有忍耐和等待，都变成了孩子们自己的需要和自主行为。因此，父母要鼓励孩子玩“过家家”“小医院”“小银行”等规则性游戏。

创造温暖的家庭氛围

温暖的家，充满爱意的父母，会给孩子充分的安全感。在孩子因为等待而焦躁不安，或者因为不能等待而失去他所期望的东西时，如果父母能够理解他、安慰他、鼓励他，他就会感到安全，情绪也会好转起来，并且更有信心和意志力来等待及忍受需要暂时不能得到满足的挫折感。

而在孩子能够成功地等待时，父母的赞扬与关怀，会帮助他在面对其他需要延迟满足的情况时控制住自己。长此以往，孩子便会养成良好的自我控制习惯。

做孩子的好榜样

孩子善于通过观察和模仿来学习，父母的一言一行都会影响到孩子。所以，父母不仅要在日常生活中指导、训练孩子的延迟满足行为，自己更要以身作则，做出表率。可以将针对孩子和父母的行为规则分别列出来，贴在家中的醒目位置，让孩子和父母互相监督。

八、游戏里的“家务活”

孩子慢慢长大了，父母想要孩子学着做家务，但是直接跟孩子说“去打扫房间”“起床后自己整理床铺”，孩子总会抱怨，并且推三阻四。如果父母把家务当作游戏，让孩子边玩边做家务，是不是会让做家务变得有趣并且能让孩子更容易接受呢？

制作有趣的卡通家务表格

父母可以按照每周或每天孩子的任务，用excel列成一个十字架形式的表格，横坐标表示天，纵坐标表示需要孩子做的家务，表格中用孩子喜欢的卡通人物图示，比如用彩色蜡笔写上孩子的名字，用扫帚表示扫地，用香蕉皮表示垃圾等。这样的表格会让孩子觉得有趣，也更愿意按照表格做事。

把做好的家务表格打印出来，贴在家庭中醒目的的地方，比如冰箱上、孩子的活动室、卧室房间的墙上。孩子每完成一个任务，可以用贴纸做标记。

家庭舞会大扫除

大扫除的时候，让孩子穿上跳舞的衣服，放上孩子喜欢的音乐，让他们随着音乐边跳舞边扫地或拖地，把做家务变成“舞会”时间。慢慢地，父母就会发现，孩子开始期待每天这个有趣时刻的到来，做家务也慢慢变成了孩子喜欢的一项活动。

家务里的小惊喜

把硬币、贴纸等孩子喜欢的小玩意藏在座椅下、柜子边，让孩子在完成家务的过程中，把找到的硬币、贴纸作为孩子劳动的奖励。但应注意，这种方法可以偶尔使用，不能常用。如果每次孩子做家务都给予奖励的话，长久下去，孩子会养成只有在有奖励的情况下才愿意做家务的习惯。

寻宝游戏总动员

父母可以给孩子几个纸盒分类编号，告诉孩子，他们要寻找的“宝贝”是什么；找到之后怎么办；用多长的时间寻宝；赢了有没有奖励等。然后让孩子在全家找寻散落的东西，比如茶几上堆着的报纸、沙发上的绘本、电视柜子上的碟片等，并把它们放回物品应在的地方，比如绘本放回书柜，报纸放在杂物柜等。这个游戏能培养孩子的秩序感和归纳能力。

任命“卫生巡视员”

每周轮流任命家中一员为“家庭卫生巡视员”，每天设定一个时间在家中各处检查一遍，把散落在各处没有放回原处的东西放进篮子中。被放进篮子中的物品的主人，如果要想把物品从篮子中拿出来的话，就得做一件家务事，就是父母也不例外。

九、纪念孩子成长轨迹的方法

每个孩子都是特别的天使，从呱呱坠地到牙牙学语，从手脚并用地爬行到奔跑跳跃，孩子的每一个进步，每一步成长都让爸爸妈妈欣喜若狂。记录下孩子的成长轨迹，是每一对父母不约而同的心愿。

给孩子制作影集

从孩子出生起，家长就开始给他拍照片。随着年龄的增长，积累了一本又一本的相册，来记录孩子的成长历程，将来送给孩子也是一份非常有意义的礼物，也是一份美好的回忆。

可以找一座标志性的建筑物或有纪念意义的地点，或者一颗小树旁，从孩子出生开始，每年在孩子生日那天在建筑物旁或者小树旁用固定距离拍照，每年一张积累成册。爸爸妈妈会看到孩子的身高慢慢增长，逐渐长大成人，而父母亲也从青年走向中年。这样的相册既可以让孩子回忆童年，又能让他们理解家长的甘苦。

给孩子制作语音专集

从孩子发出咿呀的声音开始，每年家长和孩子做一段谈话录音。事先不必告诉孩子，以免他紧张；更不要死记硬背，可以找一个有兴趣的话题来说，要轻松自然地完成；再用语言注明时间，逐年累积在磁带或光盘里。以后孩子长大了，拿出来听听，相信会是一份非常珍贵的礼物。

帮孩子制作文艺节目专集

随时收录孩子唱歌、讲故事、诗歌朗诵、文艺汇演等活动的影像，注明时间、背景等。当孩子长大回过头来看到自己婴儿、幼儿、少儿时期的表演时，他会感到非常新鲜有趣。同时，也会勾起他一段又一段美好的回忆。

录下孩子有意义的活动

如孩子过生日、参加文艺表演、逛公园、节日、旅游等，每次活动注明年、月、日。蕴涵着父母亲的深情和心血的成长档案，让孩子在回忆美好往事的同时，还能激发他对父母的感恩之情。假如能保留更长的时间，让他的孩子再看看，那就更加有意义了。

育儿日记

从出生开始，记录孩子的点点滴滴，长大了、长牙了，会爬了，会走了，会说话了，会跑了，会吵架了……不要怕文笔不好，也不用拘泥形式，孩子的任何变化或者童言童语都可以记录下来。不仅可以记下孩子的成长轨迹，还能在记录过程中反思自己的教育方法，让孩子更好地成长。

十、全家人的集体活动

全家人一起外出游玩或是一同做一些充满趣味性的亲子小游戏，不仅可以丰富生活，还可以拉近孩子与家长之间的距离，加强彼此的沟通联系，增进感情。是家庭生活中不可缺少的一部分。

徒步大自然

孩子们需要更多的户外时间，这能改善他们的情绪和睡眠，对全家人来说也是很健康的事情，徒步还能让孩子了解更多路上遇到的事情。如果你比较喜欢冒险的话，可以去远一点，带你的孩子看看新的东西，去没有去过的地方切记要注意安全。

参观博物馆

去博物馆、画廊和展馆是另一件适合全家一起的活动。现在大多数博物馆都为孩子们准备了特殊的节目，可以让孩子们在娱乐的同时学习到知识。在那里，孩子们能有机会进行互动，看到并且了解世界各地的有趣的事物。

一起看电影

虽然目前家庭影院比较普遍，网络上各种大片下载也不困难，但是，一家大小去电影院看大片，享受视觉与听觉的盛宴，也是很不错的选择。

健身运动

现在的孩子们都在电脑前花费了太多时间，但是室外玩游戏会更有趣！父母可以跟孩子们一起去骑自行车，还可以在头盔上装一个相机记录美好瞬间，这是一种很棒的锻炼方式。或者全家老少一起去打球、跑步，在大汗淋漓中收获快乐。

全家去爬山

假期的时候可以组织全家人一起去爬山，去出出汗，呼吸呼吸新鲜空气，让全家人洗洗肺。不一定非得选择名山大川，家里附近的小山丘也可以。在爬山的过程中，一家人一起聊天，运动的同时还可以增进了解。

一起玩游戏

和孩子们一起进行趣味的亲子游戏，可以带给孩子们很多欢乐，孩子们也会感受到来自家长的关怀，内心更加温暖。

不用去多远的地方，社区的广场、公园、户外的草地都可以是很好的游乐场。全家人一起丢丢沙包、跨越障碍、踢踢球等，都能培养孩子和家长之间的默契，改善亲子关系，让孩子的生活更加精彩。

十一、好父亲能开发孩子的兴趣与潜能

孩子和母亲的关系是否和谐，会影响孩子未来的婚姻幸福；和父亲的关系是否和谐，会影响孩子勇敢、自信等良好的品格的培养及未来的事业成就。

很多父亲都认为带孩子是妈妈的事，自己就是心情好的时候陪着孩子玩一会儿。其实与妈妈相比，爸爸更适合进行亲子游戏、亲子运动等教育项目，对于发现儿童的兴趣与潜能的开发也极为有利。另外，和孩子建立亲密的亲子关系，需要一点一滴的积累，需要高品质的陪伴。每天要专注地陪伴孩子至少15分钟，就是说在陪伴孩子的当时，是全心全意地和孩子一起互动，心无旁骛，没有想着工作，也没有想着压力的。

好父亲仅仅出现在孩子的生活中还不够

孩子最需要的是得到父亲在情感上的帮助和支持。父亲要学会倾听孩子的感受，并把这作为和孩子亲密交流的机会。

教会孩子重要的生活技能

- 父亲常常在家庭生活中承担不同的家务和责任，比如父亲常拨弄家中的电器、修理家具及水龙头等。那么父亲应该把这些技巧教给孩子。
- 父亲还可以教孩子如何使用浴室、如何正确刷牙，帮助他们学会骑自行车，等孩子到了开车的年龄，父亲还可以陪孩子一起开车练习。
- 当然父亲还可以教儿子如何刮胡子，保持良好的卫生习惯等。
- 孩子需要从父亲那里学会生活经验以及日常的生活技巧。如果孩子做错了事，父亲应该帮助他们了解具体原因，以及如何在未来避免犯同样的错误，而不是只用简单的方法惩罚他们。

观察孩子的兴趣，参与孩子的活动

- 父亲要观察并记住孩子的兴趣，参与孩子的活动。
- 孩子喜欢体育，父亲可以和孩子一起参加学校和课外的体育活动。
- 孩子喜欢音乐，父亲可以和孩子一起成为音乐发烧友。
- 孩子喜欢了解时事政治，父亲可以和孩子一起看报、看新闻和讨论时事。
- 如果孩子阅读魔幻小说，父亲也读读哈利·波特，并和孩子分享书中的故事。
- 孩子喜欢玩电脑，父亲即使对电脑游戏不感兴趣，也应抽出一点时间，向孩子打听游戏的技巧。

总之，父亲要“走近孩子，教育孩子”，了解孩子的兴趣，与孩子拥有共同的话题，这样可以向孩子显示，父亲对孩子做的事情很感兴趣。所以，我们要培养和孩子相同的兴趣，以减少心灵的隔阂。

用温和的方法管教孩子

管教孩子是指培养孩子的个性发展，而不是惩罚。爸爸应该避免在愤怒和沮丧时采用暴力的方法管教孩子，可以先给自己一点时间和空间平息自己的情绪，让孩子明白管教和爱并不矛盾。

有时为了管教孩子，爸爸可以使用让孩子承担后果的方法，孩子可能会觉得有点痛苦，但这不是处罚。这么做的目的是纠正孩子的错误，帮助他们养成良好的习惯。

在陪伴孩子的过程中，爸爸应该与孩子尽可能地多一些身体上的接触，比如拍拍孩子的肩膀，摸摸孩子的头，把孩子的小手放在自己的手里，拥抱孩子等。

TIPS

爸爸平时可以为孩子做的事：

- 天气好的时候，陪孩子一起去放风筝，能和孩子亲自动手做风筝的话就更棒了。
- 下雨天，穿上雨鞋，带孩子玩踩水花的游戏。
- 参与孩子们的游戏，必要的时候要扮演游戏里的角色。
- 妈妈身体不舒服的时候，和孩子一起准备晚餐。
- 带孩子去公司了解你工作的环境，让他知道，爸爸除了玩电脑，还能做很多别的事。
- 陪孩子买衣服，如果是儿子，就买父子装；如果是女儿，给她买最漂亮的那一件。
- 偶尔和孩子抢玩具玩，让他知道爸爸除了爸爸，还是个大孩子，你们能做好朋友。
- 孩子在唱歌时，你也能接得上，并和他一起唱。
- 出差回来，带礼物给他，一个小发卡、一块橡皮泥都行。
- 和他约定属于你们俩的暗号，有时为了躲开妈妈一起偷吃糖果时能用上。
- 教孩子玩你小时候的游戏。
- 去公园坐过山车，告诉孩子，有你在，什么都不用怕。
- 你不顺心时，也可以向他诉诉苦。孩子的安慰胜似良药，他也会明白大人也有烦恼。
- 妈妈生日时，和孩子一起准备礼物。
- 去幼儿园接他时，不急着回家，和他一路玩着回去。
- 一起去爬山，孩子走累了，牵他的手，背一段也没关系。
- 在孩子生病的时候，给他带有趣的玩具，温柔地跟他聊天说话。
- 每年和孩子长途旅行一次，去之前和他一起决定要去的地方。
- 下雪时和他去堆雪人。
- 把他放到肩上，让他像骑着马一样逛游乐场。

第五章

每个孩子都是
颜色不一样的烟火

正如烟火会绽放出七彩的颜色，即使血脉相连，每个孩子也是独一无二的个体，有着不同的个性和特质。你冲动勇敢，我文静内秀，你爱奔跑，我爱阅读，虽然我们是颜色不一样的烟火，但我们共同璀璨了夜空，灿烂了时光。

一、对男孩和女孩的不同期待

男孩和女孩的差别早在胎儿时期就已经开始显现，并且随着出生后的生活和学习，进一步向各自的方向大踏步前进。从社会学角度看，男孩和女孩分别扮演了两种不同的社会角色，社会对于男孩和女孩有着两种不同的期待。

“他”和“她”有什么不一样

通常女孩的表达、交际能力比男孩好

通常女孩比男孩说话要早，而且表达能力更好。学龄前阶段，她们更早说出句子，内容也更长更复杂。进入到小学后，女生在阅读和写作上的成绩通常也比男生要好。

VS

而男孩更倾向于玩那些运动性的玩具，比如汽车、球类以及其他的可以穿越空间的玩具。

TIPS

男孩和女孩的差别不是绝对的

从性别的角度，孩子分为男孩和女孩，但是不要忘记，男孩有很多种，女孩也有很多种，而每一种都会有不同的性格和需求。男孩和女孩表现出来的差别也有环境因素的影响，是被我们的养育方式所强化的。所以我们不可能真正地评定这种先天差别究竟会发挥多大作用，父母也不能用所谓的“男孩子就该……，女孩子就该……”的标准去限制孩子的发展。

男孩喜欢追跑打闹，女孩喜欢家庭生活

同样是玩过家家游戏，女孩喜欢一些家庭生活的内容，而男孩子则倾向于表现生死毁灭的大题材。男孩喜欢强有力的形象，所以他们会喜欢超人。

VS

从2岁开始，男孩表现出明显的身体活动性，他们更爱奔跑、跳跃，做一些需要摸爬滚打的游戏，他们从来不会安安静静地站在某处聊天。

男孩运动能力比女孩强，女孩精细动作比男孩好

在精细动作的发育上，男孩要比女孩慢，所以女孩会更早地被肯定为心灵手巧，画画、拉拉链、写字都是她们的强项。

VS

男孩的运动能力比女孩更加发达，他们平均会比女孩早3~4个月开始奔跑和跳跃。

女孩情感特征比男孩更复杂

女孩更容易理解和感受别人的情感，她们在三五岁的时候就能够表现出考虑问题更加周到的特质。

VS

男孩表现得更加直接和对抗，他们经常放弃口头表达而选择肢体动作来解决问题。但男孩打得多忘得也快，而女孩就比较容易记仇了。

男孩喜欢刺激，女孩相对安全

因为女孩从小到大都受到严格的保护，听到的都是严厉的警告，所以生活相对安全。在爸爸妈妈的眼里，女孩比较乖巧可爱。

VS

男孩喜欢探索新奇，喜欢危险和高难度所带来的刺激，他们会尝试做出在楼梯上玩儿滑板，乃至翻墙、跨沟之类的危险动作。

男孩和女孩的区别教育

了解了男孩女孩之间的典型差异，能帮助家长弥补孩子天性中的弱点。对于女孩，可以有意识地让她多玩三维立体积木和游戏；而对男孩，可以买些有趣的书籍，来增强他薄弱的方面。

关注男孩的情感

男孩比我们想象的更需要关爱和身体接触。他们还小的时候，可以提出要求，但如果他们长大了还想要抱抱，大人们就会觉得不舒服，担心男孩没有男孩的样子。其实男孩也需要更多的爱抚和更多的交谈。

让女孩面临挑战

每个孩子都是独一无二的，父母应该鼓励孩子自由开放地思考和行动。比如当女孩抵触某项挑战(比如体育运动)的时候，父母们可以像对男孩的态度那样去推动她尝试，帮助她们完成挑战和提高自己。

二、接受每个孩子的"与众不同"

每个孩子的天性不一样，这份独特性是与生俱来的，父母无法改变，也不应当试图去扭转，应该接受它、认可它，并顺应它，找到最适合每个孩子发展的引导方式。因此作为两个孩子的妈妈，还有一个重要的任务：告诉每一个孩子，你们即便拥有同样的血脉，也是颜色不一样的烟火。

肯定每一个孩子的独特性

每个孩子都是与众不同的，自我认同是自信心的来源，是对能力的肯定，是自尊心的体现。父母要理解每个孩子的独特性，帮助孩子获得自我价值感。千万不要在孩子之间进行比较，"你看弟弟多乖""哥哥小时候比你听话多了"这种话一定不要说，这些话的杀伤力跟"别人家的孩子"效果一样大。

只有理解孩子的独特性，才能使孩子感受到自己对父母及家庭的重要性，体会到自身存在的价值，才能帮助他们树立"我是不同于别人的独立的人"的信念。

从孩子的特质中挖掘正面的作用

任何事物都有两面性，每个孩子的特质都有正负双向的作用，往往优点的反面也是致命的缺点。比如孩子果断勇敢，但是可能会刚愎自用；孩子文静懂事，也往往会胆小内向等。

家长需要做的就是发现孩子的特质，并做正面的引导，让孩子认识到"独特产生自信"，使孩子的每一个特质都在最优的方向发挥到淋漓尽致，让孩子带着与众不同的闪光点自信地前行。

三、大宝和二宝具有独特的价值

世界上的每个孩子也都是独一无二的，即便是同一个家庭的兄弟姐妹，每一个孩子的性格、心智、聪明程度、领悟能力，还有健康程度及发育程度都不尽相同。

世界上飞翔着无数的蝴蝶，没有一对蝴蝶的翅膀有着绝对一样的图案和颜色；天上漂浮着无数的云朵，也没有一朵是重复一致的；世界上有无数的树叶，却没有两片叶子有着相同的纹理和颜色。世界上的每个孩子也都是独一无二的，即便是同一个家庭的兄弟姐妹，每一个孩子的性格、心智、聪明程度、领悟能力，还有健康程度及发育程度都不尽相同。

每个孩子都有属于自己的个性和气质，虽然来自同一母体，但气质、相貌和性格却可能完全不同。比如大宝晚上睡觉不用父母哄，自己困了就睡了，但是二宝却非要抱着哄好久才肯睡；老大特别淘气、鬼点子多，而老二却沉默老实；老大说话早、走路快，老二却说话晚，干什么都慢吞吞的……更不用说男孩子和女孩子，就更是完全不一样了。

每一个孩子都是父母的心头肉，是上天送给父母最好的礼物。面对迥然不同的两个孩子，不能说哪一个好，哪一个不好，也不能老拿两个孩子作比较，千方百计让两个人保持同步。而是要根据孩子的这些差异，有所区别地对待孩子，给予不同的孩子平等的关爱，只有这样，他们的身心才能健康，人格才能健全。

发现每个孩子独一无二的价值

大多数孩子很小的时候就能观察并感受到，有些人被重视，有些人不被重视，他们也知道自己在什么情况下是不被看重的。作为家长，要善于发现每个孩子的不同个性，走进他们独特的内心世界，发现他们独一无二的价值，并对他们加以引导和帮助，让每一个孩子在温暖的环境中茁壮成长。

根据孩子的个性因材施教

家里有了二宝之后，很多父母把教育大宝的经验直接搬到二宝身上，或者把两个孩子的言行举止统一化，忽视了孩子的个性差异。比如老想让懒散的孩子学习勤快的，动作慢的学习动作快的，学习差的学习成绩好的，调皮的学习乖巧的……而这些，都会扼杀孩子的个性。

每个孩子的天性各不相同，父母要全面、充分地了解每一个孩子，通过观察和沟通的方法了解孩子的气质类型、生活兴趣与爱好特长，根据孩子不同的天性采取因材施教的方法，以达到最佳的教育效果。父母不能过分依赖经验，因为很多时候，经验是靠不住的。

摒弃过激和不负责任的语言

父母的语言是孩子自我认同的重要标准。孩子会依靠外在的语言、肢体动作及父母的态度等，来确定自己是怎样一个人和自己在社会中的定位，而家长过激和不负责任的语言，容易让孩子产生自我否定。

理性而协商的语言是最适合的教育语言，权威者与对话者双重身份的日常转换也体现了家长对于教育的理解深度。所以当孩子展现自己的发明创造时，父母应多给予他们鼓励；在孩子努力尝试的过程中，要给予称赞；当孩子遇到挫折时，父母应该多给他们一些安慰，让孩子远离讥笑、贬抑、绝望，重树信心。

父母应该鼓励每个孩子成为一个独立的、适应能力强的、开心的人。在家里给孩子建立一个轻松快乐的环境和氛围，尽可能让孩子多玩耍，多接触大自然，多运动，多发挥他自己的天性，经常表扬和鼓励他们，做最大的努力，最好的尝试，做最好的自己。

四、根据孩子的独特气质进行针对性教育

每个孩子都有自己的气质特点，这大都是遗传的，没有好坏之分，家长要做的就是接受孩子的独特气质，然后根据孩子的特点来进行有针对性的教育。

胆小的孩子

胆小羞怯的孩子，在接触陌生人时，第一反应往往会很羞怯、回避，对新事物接受慢，表现出胆小、孤僻的特点。从积极角度看，胆小羞怯的孩子不容易做出冒险的事情，家长不用太担忧，青春期以后也不容易受不良习气的影响。

不要用激将法

对待这一类型的孩子，千万不要用激将法，说“你胆子太小了”去激发他，这是没有用的。合适的做法是：先让他旁观，再鼓励他加入，如果他不想加入，也不要呵斥，要给他多一点的时间。同时，不要随便改变他的生活习惯，孩子会很难跟上节奏。但在孩子做得好的时候，要及时鼓励，针对事件给予表扬。比如孩子今天主动和邻居打招呼了，要鼓励他“今天真有礼貌”。

另外，也可以让这类孩子参加一些不显露自己，也能在大众面前表现的活动，比如合唱团、朗诵等等。

过度活跃的孩子

过度活跃的孩子似乎一刻都停不下来，大量消耗家长的精力，也极具“破坏性”，经常弄坏东西，很多家长都怀疑孩子是不是有“过度活跃症”。

给孩子定规矩

孩子其实只是“精力充沛”。父母要做的是给孩子定规矩，让他学会克制自己。同时，要提供给孩子足够的空间让他消耗精力，做家务、体育锻炼都是很不错的选择。

易分心的孩子

容易分心的孩子注意力总是不集中，集中起来的时间也短，做事拖拉，家长总要不停地唠叨、催促。但他们遇到伤心难过的事情很容易被安慰，不会让大人觉得很崩溃。

帮孩子找到兴趣

对于这类孩子，要尽可能减少让他们分心的因素，避免干扰。同时，培养孩子的兴趣，对喜欢的事情，这些孩子的注意力就会很集中。

暴躁或抑郁的孩子

暴躁的孩子发脾气会大哭、踢人等；而抑郁的孩子从不放声哭，像林黛玉一样，这是气质的两极。这类型的孩子具有“戏剧性气质”。

懂得调整孩子情绪

对待暴躁的孩子，家长要了解孩子为什么发脾气；对于忧郁的孩子，大人要多调动他的积极情绪。

敏感细心的孩子

这类孩子会对光线、食物、环境的细微变化反应敏感，在与人交往时也会特别在意别人的眼光。这类孩子如果遇到大情大性的父母，就会有冲突。

不要当面批评孩子

这类孩子能敏锐感知周围的变化，很细心，观察能力很棒，如果引导得好，在音乐、美术方面具有很大的潜质。他们通常也很善解人意，懂得关心别人。但这类孩子特别爱面子，承受力差，家长千万不要当面批评他，点到为止就好。

慢热的孩子

这类孩子在做事时没有太大的激情，但一旦进入状态，就会非常专心，沉浸其中。

要帮孩子提前预热

家长要注意在做事情前，帮助孩子提前预热，而且注意不要老拿他和其他孩子比较，这样会伤害孩子的自尊心。让孩子多接触一些人，包括大人和孩子，养成喜欢和别人玩耍的习惯。这样能帮助他们减少对人的疏离感，而且通过和朋友之间的交往，让慢热的小孩能体会到有朋友的好处，从而勾起他们交朋友的兴趣。

五、性格不同的孩子教育方式也不同

每个孩子都与众不同，即使在一个家里，适用于某个孩子的教育方式也可能并不适用于其他孩子。我们应该根据孩子的不同性格采用不同的教育方式。

平和型

文静内向，做事处之泰然；平时较难表达感受，有时不懂控制情绪就会大发脾气；不喜欢有冲突；遇压力时有回避倾向，如拖延做功课；不喜欢也不擅长作决定。

教子招数

适当的赞赏对这类型的孩子最为奏效，再辅助他订立一些目标，他就会变得有冲劲。另外，要鼓励他多作决定，避免过分依赖，亦要教他如何表达情绪。

自我型

不喜欢与朋友做相同的事情；讨厌服从长辈的指示；幻想力强；做事多从“感性”出发；容易因小事兴奋或伤心。

教子招数

要避免过多干涉和保护孩子，也不要压抑他的想像力，可加强培养他的创造力，以及教导他理性地表达情感。

领袖型

行事大胆有自信；渴望独立自主；不爱被家长“摆布”，经常“顶嘴”；维护朋友，是别人眼中的“义气子女”。

教子招数

对孩子要保持忍耐，切忌“硬碰硬”，可多邀请他共同商议协定，以及给他一定的自主权，让他感到自己受尊重。同时为他安排一些静态的活动，培养冷静能力。

助人型

关心周遭的人；总是尝试让老师觉得自己是“好帮手”；与人交往，喜欢采取别人喜欢的态度，如主动借出玩具；对老师的评语敏感在意，看到父母对别人好时会妒忌。

教子招数

孩子容易被误会为“多事”，妈妈要理解他，因为他的自信心建立于别人的好评之上。教导孩子关心别人时也要善待自己。

思想型

沉默寡言，不喜欢与人交谈和群体行动；感情起伏较少，多面无表情；爱观察及问老师问题；喜欢汲取新知识。

教子招数

孩子的社交能力较弱，家长要鼓励他主动与人交往，肯定他的看法以提升其自信心。

完美型

做事认真，有很多“应该”和“不应该”的标准；抗拒做没有完美结果的事情；注重达到老师的期望；倾向于压抑负面情绪，如伤心和愤怒等。

教子招数

妈妈要先尊重孩子的看法，同时引导他做多方面和多角度的观察，避免做事欠缺弹性。此外，亦可鼓励他培养个人兴趣和幽默感，留意他的生活目标，避免给他太大压力。

成就型

追求个人表现；为得到赞赏和认同而表现努力；对长辈的指示必定承诺；不用“开心”或“寂寞”等来形容自己；对别人的感情偏向于冷漠对待。

教子招数

妈妈要让孩子学习如何提升社交技巧，例如体谅他人；亦要教导他们察觉自己的情感，不要太过计较得失。此外，可培养他享受绘画或音乐等带来的乐趣。

忠诚型

给人过分紧张的感觉；容易退缩和疑虑；害怕尝试新事物；努力避免被批评或指责；社交上较少突出自己；服从权威人物，如老师等。

教子招数

对孩子认真的态度表示欣赏之余，也要教导他凡事放松一点。可安排孩子适当地参与具有挑战性的活动，增强其自信心。切忌批评，因为他会记得一清二楚，从而变得更加过分紧张失落。

欢乐型

性格开朗乐观；尽可能不让自己辛苦、有压力；较难专心温习功课；做事容易半途而废；被父母责骂虽立即有悔意，却很快忘记；喜欢跟朋友在一起；不断渴望得到新奇刺激的玩意。

教子招数

可引用创意学习法，让孩子寓学习于一些有趣的活动上，也要加强他的责任感，功课即使困难也要完成。他有时会得意忘形，要教导他学会理解别人的感受。

六、发现每个孩子的闪光点

家里有两个孩子，父母往往会不自觉地进行比较：大宝比较沉稳，学习好，二宝比较调皮，学习成绩差；儿子喜欢理科，女儿擅长文科；姐姐脾气直，弟弟比较温和……总之，两个孩子各有各的特点，各有各的长处。

蕊蕊和当当是姐弟，蕊蕊学习成绩特别好，当当不爱学习，但是从小爱唱歌，说长大了要当歌星。但是父母认为只有好好读书，考上好大学，找到稳定的工作才是正路，唱歌只能当作爱好，所以一直阻挠当当投入太多时间唱歌，反而天天念叨他要向姐姐学习，好好读书。结果，当当不但对学习越来越厌倦，成绩越来越差，唱歌的爱好也渐渐荒废，变得对什么都没有兴趣了。

很多粗心的父母往往在将两个孩子进行比较之后，按照自己的思维模式，觉得这个孩子好，那个孩子不好，唯独不觉得两个孩子都好，结果却断送了孩子的成才之路。

心理学家指出，优秀的孩子可以是不一样的优秀，因此，父母没有必要对两个孩子进行横向对比，而应该善于发现孩子的闪光点，让他们优势互补，在各自擅长的领域发展自己的特长。

从性格方面发现孩子的闪光点

每个孩子身上都会有让父母感到骄傲的闪光点，需要父母带着一颗欣赏的心才能发现。孩子满地乱爬，你会发现他的健康和活力；孩子喜欢问这问那，你会发现他拥有一颗好奇之心；孩子喜欢乱摸乱动，你会发现孩子拥有较强的动手能力；孩子喜欢胡思乱想或异想天开，你会发现孩子拥有丰富的想象力……总之，只要你学会赏识孩子，用心观察，就能够从孩子身上不断发现闪光点。然后根据孩子的性格，教育和引导孩子，为孩子的成才找准方向，使他的聪明才智得到最大的发挥。

从兴趣方面发现孩子的闪光点

丰丰非常调皮，破坏力超强，家里的小闹钟、电话总是被他拆掉又装上，很多东西都拆坏了。丰丰的妈妈开始非常火大，但后来静下心来，开始从另一个角度看待儿子的动手能力。后来她时常表扬丰丰手巧、爱动脑筋，还特地找来一些不用的小家电让他摆弄，丰丰动手的劲头更大了，还爱上了看书学习，说是长大了要当工程师。

从这个例子可以看出，从孩子的兴趣入手，可以更好地发现孩子的闪光点，并获得良好的教育效果。如果丰丰的妈妈轻视孩子的动手能力，常常责备他，丰丰可能就无法产生学习的欲望，更无法体验到学习的快乐和意义，说不定就埋没了一个人才。

用孩子的长处带动短处

聪明的孩子是夸出来的。每个孩子的能力都是多方面的，都有自己的长处。即使最差劲的孩子也有优点，而最优秀的孩子也有缺点。如果父母带着欣赏的眼光和审美的心情去看孩子，就能从孩子身上发现美好的东西。比如孩子不爱写作业，但是画画很棒，父母可以利用他会画画的长处，“以长带短”使他爱上学习。比如可以这样说：“你画的好棒啊，妈妈都不知道你这么有才华，要是把你学画画的劲儿拿出来，一定可以按时完成作业。”

七、引导孩子正向的力量

父母要看到孩子独一无二的天赋和正向的力量，并不断对孩子表达支持与信任，从而使孩子得到有益的培养。

每个家长都有一个愿望：希望自己的孩子优秀。当自己用心栽培之后却发现孩子仍然不能完全按自己的方式走，家长就会有情绪，有了情绪，就会不耐心，也就没有办法跟孩子很好地交流，更别说正向的引导了。

耐心引导孩子做正向思考

要引导孩子做正向思考，自己一定要先正向思考。首先要有耐心，引导小孩子千万不能太急。在引导孩子们的过程中，要根据孩子们的喜好来引导，而不是一次次地替代他做决定而打击他的自信心。同时也要有包容心，要放手让孩子们自己去做、去感知，同时要协助他；告诉小孩子什么是对和错，然后让他自己来做决定；包容他因错误决定而犯的小错，借此培养其勇于承担的责任心。

和孩子进行正向对话

父母要说正向的话，以正向的眼光面对孩子的需要和状态，找到孩子的内在能量，这样他们就不会有恐惧和被指责的感觉。当孩子处在轻松自然的状态时，他们解决问题的能力和意愿就比较强了。

负向问句是：“为什么你一不高兴就用暴力解决问题？”这样问把“你”和“暴力”连在一起，暗示“暴力”就是他的问题。

正向问句是：“不高兴时就想用暴力解决，这种情况困扰你多久了？”这样问把“使用暴力”和“你”分开，并暗示他自己也不想要有暴力。

培养孩子正向的能力

建立习惯

一个优良习惯建立的步骤大概是：了解产生状况的原因，找出孩子的困难是什么；观察、思考适合孩子的方法，或与孩子讨论如何解决困难；彻底实行所制定的方法，并定期回顾和检讨。

比如，孩子放学回家后常常不听爸妈的规定，把空饭盒放进洗碗槽中。父母可以先了解产生状况的原因：忘记或怕麻烦。然后考虑适合孩子的解决方法：在孩子回家后容易引起注意的地方，贴几张提醒的字条。一两周后看效果如何，如果不理想再修正。

表达信任

当我们看到孩子有不太好的状况发生时，我们可以先说出我们的期待，再表达信任，然后激发孩子产生改进的动机和力量。比如，从表达不满"吵死了，你可不可以小声一点"，到表达信任"我知道你会轻声说话的，上次我就听到你和弟弟用这样的声音说话。"

示范表达

当我们要培养孩子一个新的能力时，需要先做示范。比如，孩子不知道如何与老师沟通，我们可以先在家演练给他看，然后让他扮演一次老师或学生，体会沟通的感觉。让孩子有一个可模仿的说话方式和行为，以后孩子再遇到同样的情境，就有新的思考和表达模式可以遵循了。

八、父母要做好孩子的榜样

对于孩子来说，父母就是他们的第一任老师，父母的一举一动都会被孩子效仿，孩子的世界观、价值观的形成绝对离不开父母。因此，家长平时的行为举止需要格外的小心，避免不当的行为扭曲孩子的价值观，比如下面这几大“行为”，很可能会毁了你的孩子。

这件事就听我的

很多父母总是觉得，孩子在经济独立之前，就应该听我的，我所有的决定都是为他好。孩子自己的意愿在接触到你眼中的警告时就被扼杀了。慢慢地，你把孩子教成了一个不敢大胆说出自己想法的人，他脑中的民主意识就会被强权所取代。

别问为什么，这么做没错

很多父母把职场上的压力带回家，没有更多的精力来回答孩子的疑问，轻易就用“你长大就懂了”“这个就是这样的，记住就行了”等话语来敷衍，让孩子的大脑思维被禁锢，他开始机械地学习，创新能力就被扼杀了。

那个太危险，不行

父母关心孩子的人身安全是天经地义的，但是不假思索地拒绝孩子任何有些危险的请求，也是不恰当的，比如下河畅游、登高远眺等。

孩子不可能一辈子呆在家里这个温室，而且即使是在家，也可能是危险的。一再和孩子强调各种事情的危险性，孩子可能会养成胆小的习性，如不会过马路、一个人在家没有办法吃饭、自理能力低下等。

因此，如果这件事对孩子的成长有帮助，就应该鼓励他们去做，在跟孩子说明事情的危险性之后，父母要做的是教会你的孩子保护好自己。

贬低自己的孩子

父母盲目的将自己的孩子和别人家优秀的孩子进行比较，一开始，孩子会不服气的说“我一定可以比他还棒！”但你总是能够找到其他更优秀的人，孩子发现他永远追不上那些人的脚步，就会有深深的挫败感，开始对自己丧失信心，最后完全没有了任何斗志。

心理学认为，功利的心理性格一般产生于儿童早期的家庭教育。父母切记不要说“只要你努力坚持，你一定会做到”，还有类似于“你最棒”“你真笨”等主观的语言，这些都会给孩子带来负面影响。

“善意”的谎言

父母们有时候在回复孩子时，会扯些小谎，并且总能够自然的说出“善意”二字。但不管谎言是善意还是恶意，它终究被贴上了谎言的标签。渐渐地，孩子会认为说谎并不是一件大不了的事，并开始了自己的谎言，一旦他尝到了说谎的甜头，便会一发不可收拾。

粗暴地对待大自然

随意摘下小区花园的花朵，喝完的水瓶随手一扔，抽完的烟头随地扔下，当着孩子的面，杀掉他们喜欢的鸡、鸭、鱼、兔子或狗……你正在扼杀孩子们热爱大自然、亲近动物的天性。你对待大自然的粗暴方式，让学习能力处于最佳状态的孩子有样学样，而这是一种对孩子人性的伤害。

无视法律法规

孩子在独自一人时，往往是能够遵守交通法规的，他们知道不能闯红灯，要走人行道，骑车也得在自行车道。而父母若无其事的带着孩子横穿马路、闯红灯，理由是“赶时间”，慢慢地孩子会了解到，原来只要自己有需求，法规是可以无视的。长此以往，法律道德就成为了一道摆设。

反省自身

社会由一个个个体组成，个体要有正确的取向，如此才能够获得更好的发展，故而如果孩子在小的时候有什么做得不好的地方，不要总是一味的责罚他们，也要反省自身，看看是不是自己给孩子错误的引导了。

物质奖励

物质奖励是最为常见的一种错误的教育方法，许诺孩子只要有了好成绩，就给孩子想要的物质奖励，虽然这个方法短期之内可见效果，因为越小的孩子潜力越大，他们会愿意为了一个变形金刚或是一些其他心仪的东西努力去达到父母的期望。但若是不是出于兴趣而学习的东西，忘得也很快，孩子的学习动机不对，就会强化他们的功利心，这对于孩子的成长并不是很好。金钱换来的效应是短期的，故而不建议父母用这种教育方式。

养成习惯

教育孩子养成良好的学习习惯，孩子考试考差没有关系，但是要让孩子明白，诚实比成绩更重要，爸爸妈妈宁可你成绩不好，但是一定要诚实诚信，这是做人的基本，孩子的心态要健康，有问题有烦恼要让他们愿意跟父母倾诉，父母要做孩子的朋友而不是站在孩了对立面。

每个孩子都有长处和弱势，但是我们要让孩子有发现其他人优势，削弱孩子嫉妒，攀比之心，培养孩子温和，友爱的心灵。

九、人的气质主要是由遗传决定的

对于孩子来说，父母就是他们的第一任老师，父母的一举一动都会被孩子效仿，孩子的世界观、价值观的形成绝对离不开父母。因此，家长平时的行为举止需要格外的小心。

气质特征来自遗传？

一般来说，每个孩子身上或多或少都能够隐约地见到其气质表现相似于父母的一面。所以我们常常说“某某像他父亲一样脾气暴躁”，或者“某某像他母亲一样多愁善感”，说明气质特征有一部分来自于遗传。

科学研究也表明，如果从父母一方获得的遗传物质可以确定子女的身体特征，那它也会影响他们性格的某些方面。因此，像激动、胆怯或者外向这些性格表现，都是从母亲或父亲的基因中遗传下来的。

“江山易改，本性难移”，这个“本性”说的就是人的气质类型。我曾经在之前的作品中提出过“天生的气质类型决定教养方式”，其实也是让我们家长更多地关注孩子的个性特征。

后天环境对性格影响很大

当然，除了遗传因素，环境对个性的发展也起着极其重要的作用。随着孩子慢慢长大，在社会生活中接触的范围扩大，他的性格趋向社会性，受环境的影响加深。研究显示：儿童大概从两岁开始就在自制力、易感性和外向性格方面有了差别。

在对父母的科学心理测试中，也证实了父母和孩子之间的性格遗传只能在下列情况下有效：他生活在他的家庭这样的特定环境中。

就像华生所说："给我十二个婴儿，我可以把他们培养成医生、教师或律师……"说明家庭环境与教育因素对于儿童的成长起了巨大作用。

优化利于孩子发展的家庭环境

虽说个性心理特征与基因遗传因素有关，但后天环境对其影响更大，如性格与家庭和社会环境因素紧密相关。孩子出生时虽然会表现出不同的气质，比如有些会比较急躁，不好护理；有些则平易温顺，比较好护理，但这些气质会受后天环境的影响，经过后天适宜的教育，孩子的发展情况会很不一样。

良好的后天环境对良好性格的养成非常重要，如果一个孩子生活在不良的家庭环境中，父母对其动辄施以打骂，那肯定会对孩子的心理产生不良影响。

第六章

两个孩子的教育原则

为人父母是一场修行，我们不是完美的父母，我们的孩子也不是完美的孩子，所以需要制定养育的原则，管理好自己的情绪，也给孩子制定不触碰底线的规则，规则不是束缚，是对自由的保护，边走边学，不要缴械投降，才能培养快乐又懂事的孩子。

一、严格和严厉不是一回事

家庭教育的关键在于“做规矩”，就是要在家里树立一套准则，让孩子知道什么是该做的，什么是不该做的，并且培养孩子自我控制的能力。制定了家庭准则，一定要严格执行，但这里的严格和很多父母认为的“严厉”不是一回事。

严格指的是原则，是基础的是非判断；而严厉则很容易滑落为家长的愤怒和非理性的情绪失控。

比如餐桌上，孩子不好好吃饭，严厉的父母很可能会打骂孩子，但打骂可以让孩子飙泪把饭吃完，但同样也会让孩子对吃饭失去乐趣。而有效的严格执行家庭准则的方法很简单：三餐固定，每餐定时，过时不候，餐凉汤冷自己看着办，餐间不给零食，重要的是，大人要起表率作用，一起遵守。只要孩子身体正常，饿了自然会吃。

过分严厉会造成孩子的心理障碍

在严厉型的家庭里，只有爸爸妈妈才知道什么是好的、对的，孩子完全没有选择的余地。过分严厉会使孩子在完全的专制中忍受屈辱，他生活在冰冷紧张的家庭气氛中，时常惧怕因犯一点点错误而遭受惩罚。这种在让人难以承受的重压之下生活的孩子，往往会产生缺乏独立性，甚至会有严重的心理障碍。如果父母双方都对孩子严厉，孩子产生心理问题的概率更会远远大于一方严厉的家庭。心理咨询师甚至将严厉的家庭教育作为判断心理问题的一个重要成因。

善于平衡“严”与“爱”

父母是孩子的一面镜子。父母教育子女，同时也是反过来观察自己的过程。长年来自子女教育的挑战可能会让父母失去耐性，但是不要放弃自己的努力。做好父母，和要求孩子做好孩子，一样不容易。

分清楚对什么事情应该严厉

孩子有时在家里或是幼儿园出现偏差，老师或家长应先冷静地分析造成这种局面的原因。孩子是因为好奇，而且不会对自己和他人造成伤害，就不应该严厉地对待孩子，而是应该给予帮助和引导；如果孩子的行为对自己和他人造成了不良影响，这时候家长和老师一定要让孩子知道自己“不对”，并且让孩子以实际行动改正过来。

让孩子明白“严”与“爱”并不是对立的

对孩子真正有益的爱是严与爱的结合，并且结合得恰到好处，而非一味的溺爱。严格纠正孩子行为上的不良习惯，免不了对孩子态度严厉。但是，每一次严厉之后，要让孩子感受到父母是为他们好，避免孩子心理上受到伤害。

多讲道理

尊重是教育的重要原则，尊重就是允许孩子犯错误，并同时给予孩子合理的建议。因此教育孩子，讲道理无效时才批评。现在的孩子敏感又聪明，有时他认为自己没错，你批评了他，他会很委屈。所以这时候应该多讲道理，让孩子明白自己错在哪里，为什么错，以后怎样改等。如果孩子真的错了，自己也感受到了不良后果，家长批评一下，孩子是可以接受的。总之，严厉、批评是不可避免的，但是也要因人而异、因事而异，切不可一味的鲁莽和急躁，只有把握好尺度，才可以让这种“严厉”发挥出应有的引导作用。

TIPS

有效管教孩子的4个标准

- 是否和善与坚定并行?(对孩子尊重和鼓励)
- 是否有助于孩子感受到归属感和价值感?(心灵纽带)
- 是否长期有效?(惩罚在短期有效，但有长期的负面效果)
- 是否能教给孩子有价值的社会技能和生活技能，培养孩子的良好品格?(尊重他人、关心他人、善于解决问题、敢于承担责任、乐于贡献、愿意合作等)

二、正确对待孩子的小叛逆

是从什么时候起，那个什么都跟着大人、全部都听爸妈的小宝宝，突然开始有了自己的意见，会坚持自己来，也会用“不要”或大哭大闹来拒绝爸妈的指挥了？

孩子爱说“不”是正常的

孩子慢慢长大，开始说“不”，其实是在向父母传递信息，也是一种自我表达的方式，千万不要错误的理解为孩子不听话，叛逆。

某种情况下，孩子说“不”是在表达自己的想法，也是在试探家长的底线，说明孩子正在慢慢地长大。正确地处理孩子说“不”，不仅会让很多问题得到及时地解决，更重要的是接纳孩子说“不”，也是父母给孩子的最好礼物，是给孩子的成长提供一个更加自由、宽松的空间。

孩子老说“不”怎么办

给孩子缓冲的时间

和孩子保持同理心。比如让孩子去洗澡，孩子说“不”。爸妈可以给孩子一个缓冲的时间，让孩子慢慢地结束手中的游戏，进而让他去洗澡，而不是突然地拉他去做不想做的事。

比如父母可以用“你再玩10分钟，10分钟后去洗澡”的预告方式，给孩子缓冲的时间。每隔几分钟就提醒一次：“还有5分钟哦”“还有2分钟”“最后10秒”，最后从10数到1，孩子自己会慢慢地收起心去转换。

用更能引起孩子兴趣的东西吸引

“要不要去玩泡泡啊？爸爸在澡盆里面放了好多的泡泡水。”“我跟哥哥去洗澡玩水啦!”“我们去洗澡，玩魔法球的游戏吧。”用更能引起孩子兴趣的东西，把孩子的注意力吸引过来，是更快的方法。

但首先爸妈要突破自己心中执着的盲点。比如把“洗澡”这两个字转换成好玩的形容词或事情，孩子一听到，跑去洗澡间的速度，会比你想象中的快很多。

从是非题转换成选择题

有时候孩子进入了“不要”的无限循环后，他的耳朵是听不进大人的任何话语的，变成只是为了反对而说“不要”。这个时候最好的方法是从是非题转换成选择题，用选择题的方式去询问，把要孩子做的事情用肯定的语法埋在问句里面，让孩子有做抉择的机会，从源头杜绝孩子说“不要”的可能性。比如问宝宝：“你想留在家里搭积木还是出去玩扭扭车？”“你想吃个苹果还是喝点牛奶？”如此就可以避免掉许多不必要的亲子冲突。

从另一个角度讲，选择也是尊重的表现，你尊重了孩子，孩子也就学会了尊重别人。

TIPS

安全问题要果断解决

涉及安全问题时，父母必须当机立断地制止。孩子虽然有强烈的独立愿望，但能力有限，仍然需要爸爸妈妈的保护，这一点是毫无疑问的。比如孩子非要帮妈妈端一盘很烫的菜，妈妈要及时制止并告诉他：“这很烫，会把手烫得很疼。”同时，可以找一件别的小活儿交给孩子完成。

孩子的气话与真实意思对照表

孩子的语言能力还不成熟，当他们情绪激动时，往往思维水平会急剧下降，词汇量相应减少，词汇使用的正确率也随之降低。所以，如果从表面意思解读孩子的心理，家长就会生气甚至误解孩子，通常还会责备孩子不懂礼貌。不妨看看下面的这份对照表，看一看，其中有你的孩子生气时说的话吗？

孩子的气话	真实意思
不！	我不知道你想要我做什么，但我又不好意思去问
我不要！	我知道你想要我做什么，但这看起来很难，我觉得我完成不了
我不做！	做这件事让我很担心也很害怕
你别想勉强我！	我不想做是因为我很累/很饿/有其他的事要完成
这很无聊！	这很难，我怕自己无法完成 我不知道做这件事有什么意义 这一点都不“酷”，我的朋友会看不起我的 我不喜欢
这不公平！	我不喜欢 别人有，我也应该有 你之前答应过我的，现在却反悔了
你太小气了！	你总是不让我做想做的事，我对你很失望
我不爱你了！你不是我的妈妈！	我很沮丧，脑子很乱，很不开心，我不知道要怎么说、怎么做。我做任何事情都需要你的爱和支持
我讨厌你！	我很生气，我不知道要怎么说、怎么做 我觉得很丢脸

孩子对家长语言的理解

当孩子们生气的时候，父母说什么他们都听不进去，同时会以简单、生硬的方式去理解，有时候还会完全扭曲父母的意思。如果我们的肢体动作表现出烦躁的情绪，或者我们的声调稍微提高了一点，情况就会恶化，孩子会情绪激动、智力下降。这时，孩子是如何解读家长语言的呢？

家长的话	孩子的解读
不行！	妈妈想要控制我
住手！	妈妈不理解我 妈妈不相信我能完成
你太调皮了！	爸爸说的对，我很调皮。所以，我就做调皮孩子做的事 我不调皮，爸爸这样说只是因为他不爱我 我不调皮，爸爸这样说是因为他是个坏蛋或者是个笨蛋
你不能这样！	爸爸生我的气了，但我不知道为什么 我知道错了，因为我不听话，所以爸爸不爱我了
别傻了。	妈妈觉得我是傻瓜。傻瓜就是笨蛋的意思，所以我是笨蛋 妈妈不了解我
你怎么能这样跟我说话？	妈妈不再爱我了 我是坏孩子

三、帮孩子改掉打人和咬人的习惯

可能很多家长都有类似的困惑：宝宝一发脾气就喜欢打人、咬人，甚至无缘无故的还会在家长的胳膊上、手上咬一口，这到底是为什么呢？

例子

小朋友们坐在一起玩玩具，可是彤彤却突然哭了起来，原来是坐在旁边的小朋友蓉蓉打了她几下。蓉蓉见彤彤哭了，呆呆地看着她，什么也不说，让她给彤彤道歉，她撅着嘴，说什么也不肯。

例子

大宝和二宝在玩小木马，二宝哭着要上去玩，可是大宝没玩够，不愿意让给二宝。二宝急了，就揪住大宝的手咬了上去，大宝的手臂上留下了一个深深的牙印，疼得哭了起来。

孩子为什么要咬人、打人？

想表达自己的想法

许多婴幼儿语言发育不完善，但是已经有了自己的想法与要求。有时候家长不能立刻察觉到孩子的要求，或者领会错了孩子的意思，孩子由于急切地想要表达但又表达不清，就通过肢体动作发泄出来。遇到这种情况，就要仔细观察、询问孩子的要求，并且反复告诉孩子要说出来，不可以打人或是咬人。

孩子的牙龈痒

咬人的行为多发生在年龄较小的孩子身上，特别是在即将长牙和正在长牙的孩子。在长牙的过程中，孩子的牙龈非常的不舒服，总想找东西咬一咬，家长可以给孩子准备一些可以磨牙的物品，比如牙胶。同时要注意保持磨牙物品的卫生，这样就可以缓解孩子因长牙所造成的不适。

缺乏安全感

很多看似暴力的孩子，其实内心非常缺乏安全感，他们的内心情感越是不能获得满足，就越需要通过这些行为来安慰自己的内心。所以，家长千万不能用批评、训斥的手段，而是平时要更多地表达对孩子的爱。通过语言以及肢体动作，多拥抱孩子，轻轻的抚摸孩子，亲吻孩子，让孩子感受到家长的爱和温暖。

模仿大人的动作

家长和周围人的一举一动都会成为孩子的模仿对象，家长首先要严格要求自己，注意约束自己的行为。特别是对待孩子的时候，如果孩子做了错事，不能简单粗暴的训斥，更不能动手打孩子。如果家长喜欢对孩子动手，那么孩子也会模仿家长的动作，对小朋友动手。

父母要帮孩子克服攻击行为

第一时间控制住事态的发展

坚定地告诉孩子“不能咬人”“不能打人”。如果孩子情绪非常激动，立即从他的身后环着双臂抱紧他，待孩子情绪逐渐稳定后，试着带他一起安慰被他伤到的人。哪怕只是一个非常笨拙的道歉，最好能对刚才发生的事情做一些补救，甚至让孩子一起帮助处理伤者的伤口。如果孩子的情绪许久不能平复，先代替孩子向被他伤到的人及其家人致歉，然后带着他离开现场，找个安静的地方接着交流。

了解孩子攻击行为的原因

通过快速观察、耐心询问、冷静分析，来推测孩子攻击行为发生的根本原因。不要怒气冲冲地质问孩子，因为孩子当时可能回答不上来也不愿意回答，那样只会引发你与孩子之间的冲突。搂紧孩子，明确表达你对他行为背后的原因表示理解。

告诉孩子攻击行为的后果

告诉孩子被打和被咬都会很疼，但千万不可以以暴制暴。培养孩子的共情能力确实需要漫长的过程，但若对孩子实施肉体惩罚，无形中也是在告诉他“下次你也可以这样做”。要客观地帮助孩子分析攻击行为可能导致的后果，但不要给宝宝制造罪恶感。

教孩子正确表达情绪

教会孩子如何在不伤害他人的前提下抒发自己的情绪，比如喜欢对方就拉一拉手，要拉着宝宝的小手示范动作；比如不高兴或不愿意就大声说“不”，要陪着宝宝一起喊出来；比如遇到处理不了的情况就找大人帮忙……要尽可能地把每种情景都向宝宝演示得足够详细。

不要过多评价孩子的行为

过多的关注反而会起到强化的作用，所以，平时避免让孩子过多地听到大家对他“打人”“咬人”等行为的谈论，也不要因此给孩子冠上“小霸王”之类的绰号。要多关注孩子的细微变化，当他有“打人”“咬人”的倾向时，要及时干预并制止。如果宝宝4、5岁以后还是有明显且持续的攻击行为，可以带他去看心理医生。

帮助孩子释放压力

尽量通过调整周围的环境、改变大人的情绪及行为来帮助孩子释放压力。另外，给孩子准备一些适合摔打或啃咬的玩具，带孩子做一些他喜欢的事来尽情地释放压力。比如带孩子到外面游玩，面对空旷的地方尽情地呐喊，引导他们在合理的时间、合理的地点进行压力的宣泄等。

父母注意自己平时的言语行为

有时候大人对孩子的一些亲昵行为也会让孩子误会。比如，父母逗孩子，去轻轻咬咬孩子的小手、小胳膊、小脚丫，会让孩子误解这样的行为是招人“喜欢”的；或者孩子打你一下，你逗着玩还回去一下，一来一往孩子就会觉得好玩，不觉得这是被禁止、不允许的行为。

TIPS

孩子发脾气怎么办

- 理解孩子的感受，尽量找到孩子发脾气的原因。
- 确保周围环境的安全性，确保孩子不会伤害他自己。
- 拥抱孩子，给予安抚。如果宝宝情绪失控，拒绝一切安抚，你也要保持平静，在一旁安静地陪伴倾听。
- 用图书、玩具、拥抱、游戏等方式来巧妙地分散孩子的注意力，不要让眼泪最后爆发成“大火球”。
- 大发脾气是需要“观众”的，尽量不要让自己和周围人成为孩子发脾气时的“观众”，尽快把孩子从人多的地方带走，然后再安抚。

四、孩子撒谎怎么教育

兴兴妈妈最近很忧心，因为她发现兴兴会说谎话了：明明是他打破了东西，却说是妹妹不小心弄坏的；和小朋友比赛输了，回家却说自己得了第一名；想吃糖果，偏说是妹妹要吃的……兴兴妈觉得事情重大，必须好好教育他，又不知该怎么办。

孩子撒谎不意味着性格顽劣

其实孩子撒谎并不意味着性格顽劣。从“实话实说”到“耍小聪明”，是孩子在努力地以更高级、更复杂的方式来探索世界。因此，父母应该学会欣赏孩子的“小聪明”，将这种“小聪明”引导成大智慧。

被动性撒谎和行为性撒谎

被动性撒谎

孩子想要做好某件事情，获得他人的赞赏。当他们做错事情后，会因为担心受罚而说谎。他们不会隐瞒自己的意图，不会掩饰自己的情绪，只是为了逃避妈妈的不满甚至是责罚。

行为性撒谎

有些娇生惯养的孩子，习惯于一切玩具、食品都归自己所有。不管是不是自己的东西，只要喜欢就悄悄地拿回家。为了怕妈妈发现，孩子可能编一些小谎言来让自己的行为变得更加合理。

孩子为什么会撒谎

孩子爱撒谎，家长最头痛，生怕将来成了习惯，想改也改不了。其实，谎言背后各有原因，不妨顺藤摸瓜，找到症结所在，对因下药，更能解决问题。

不明就里

小于3岁的幼儿，对时间、空间、数量、人物关系等概念比较模糊，经常说了“假话”自己不知道，比如他们可能把以前统称“昨天”。这种情况不必过于担忧，问明情况后，耐心教育即可。

模仿大人

孩子有时会看到父母、周围的大人，或者电视上有撒谎的镜头，他们抑制不住好奇心，跟着学。因此，当着孩子的面时，家长一定要谨言慎行。

逃避惩罚

多数情况下，孩子说谎是为了逃避惩罚，比如考试成绩不理想、淘气惹祸了怕家长责罚。一旦发现这种情况，父母需讲明利害关系，果断制止。若一次得逞，不良行为就可能得到强化。

表示对抗

还有的孩子说谎，与父母干涉过多有关，比如孩子做作业时，一会叫他喝水，一会叫他吃点心，孩子很不耐烦，随口说“不渴、不饿”，以表示对抗。这种情况下，需从改善亲子关系入手，父母对孩子既不能过度溺爱，也不能过于纵容。

想象力太丰富

有的孩子想象力丰富，描述事情时，常常掺杂着自己想象的场景、人物，说得绘声绘色。父母在纠正孩子的同时，要肯定他们的能力，不可粗暴制止，以免伤害孩子的自尊心。

爸妈怎么应对孩子撒谎

父母对孩子的“撒谎”要宽容一些，首先要关注如何解决问题，而不要一开始就责备孩子。对孩子多一点理解，多一些爱心和耐心，不要轻易认定孩子说谎，不要把孩子一时的表现认定为一辈子的特点，对孩子的积极行为给予重视，这样孩子的谎言便会逐渐消失。

不要随意给孩子“贴标签”

孩子的说谎往往并不是为了故意伤害他人，家长不要轻易将孩子的说谎行为与孩子的品质划等号，不能因为孩子的某一次谎言就给孩子定性，给孩子贴上“小骗子”“谎话专家”“吹牛大王”等标签。这样做不但对孩子改掉说谎的毛病没有任何帮助，反而对孩子的说谎行为起到了强化的作用，可能会促使孩子今后更加努力地说谎。

帮助孩子区分现实和想像

孩子说谎并非都是有意的，尤其是年龄小、想像力和创造力丰富的孩子更易进行想象型撒谎。父母在日常生活中要注意告诉孩子什么是发生的，什么是想象的，让孩子逐渐把现实和想象区分开来。

正确运用惩戒手段

让孩子认识到谎言总会被识破，说谎只会受到更严厉的惩罚。而诚实是美德，是高尚的品质，同时诚实也会减轻对过失的惩罚程度。

这里面还有一个技巧：在惩戒之后，我们还是要回归到耐心引导的方式，让孩子反思自己的错误行为，而不是只记住了家长的愤怒。

家长做一个好榜样

父母在要求孩子诚实的同时，自己应该以身作则，在日常生活中做一个好榜样，不要不经意地在孩子面前说出做不到的承诺，或骗人的话，要在日常生活和工作中注意做到言行一致，诚实守信。对孩子或他人的承诺要认真履行，犯错后要及时承认错误，并认真改正，这样孩子便可从中学习到好的行为。

重视孩子的第一次说谎

当孩子第一次说谎时，家长应将其当作一件大事来抓，决不能掉以轻心。要知道有第一次，就会有第二次、第三次。一般孩子在第一次说谎时会感到不安，即使蒙混过关了也会十分担心，但是如果这第一次说谎没有得到及时的纠正，孩子便可以尝到说谎所带来的甜头，他就会由此产生再次尝试说谎的欲望，会觉得家长是"好骗的""可欺的"，他的胆子会越来越大，谎话会越说越多，越编越像，最终就撒谎成性了。

多聆听并与孩子沟通

当孩子预期事情会有负面后果而说谎时，父母应了解孩子的需要，订立更实际的规则。假如是孩子可以做得到且愿意做的，他自然不用说谎了。另外，有些孩子会因为跟父母的接触机会少，所以用说谎的方法去争取父母的关注。换句话说，父母平日应加强与孩子的沟通互动，多了解孩子的想法，让孩子感受到父母对他的关爱与关注。

五、管教孩子的不适当行为

相信很多人都遇过“熊孩子”：在休息时间喧哗，吵得别人无法休息；在马路上乱闯，造成交通阻塞；往陌生人身上扔瓶子；往楼下扔东西；抢别的孩子的东西；心里不高兴就打妈妈发泄情绪……

你肯定不喜欢这样的孩子，但是，你有没有想过，你正在不知不觉中将你的孩子养育成这样的人呢？你是否也曾对孩子的不适当行为没有做到及时的严加管教？或者你觉得不以为然，认为孩子小不懂事，大了就会好？或者你管教了，但是孩子不听你的，而你似乎有些无能为力？

爱孩子是父母的天性，但这份爱不仅要包含理智与宽容，更应松紧有度，在“可以”和“不可以”之间划一条清楚的界限，使他们的行为有章可循，学会忍受一时的不舒服，甚至忍受必要的痛苦。因此，对孩子以下的几种行为，一定要及时制止，绝不能手软，更不能把宽容演变成纵容。

得不到就动手抢

孩子们一起玩沙子，其中一个孩子想抢小伙伴的推土机玩具，抢不到就一口咬向对方的小手。

父母怎么做

对咬人的孩子，父母一定要严肃批评，让他知道咬人是不对的，必须亲自道歉；同时，要让他明白，小朋友如果不愿意把玩具借给自己玩，他也应该学会接受这种不如意。

顺手牵羊

孩子给你展示一件你从没见过的玩具，告诉你那是从小朋友家里的地上捡的。

父母怎么做

立即带孩子归还物品，让他亲自道歉：“对不起，我把你的东西拿回家玩了，现在还给你，请原谅我。”借助“物归原主”的过程，让孩子学会勇于承认错误。

3~4岁的孩子没有“物权”概念和所属意识，自认为喜欢的、想要的就都是自己的。对此，父母千万不要采取“下不为例”的态度。

喜欢的玩具一定要买

在商场里，你拒绝孩子再买芭比娃娃，女儿却紧紧地抱着娃娃不放，任你怎么解释也不松手，还一屁股坐到了地上，哭闹打滚。

父母怎么做

对孩子表明你的态度：今天不买玩具。如果孩子无理取闹，不妨置之不理，继续选择其他物品，或者佯装离开，任其坐在地上哭。等孩子冷静之后，通过讲道理或讲故事等方式，使之明白，撒泼、哭闹的结果是什么也得不到，而且令人讨厌。

晚上不睡觉

晚上10点，早该睡觉了，孩子却把娃娃和毛绒玩具摊到床上，玩得起劲，不肯休息。

父母怎么做

指指墙上的挂钟，示意孩子到就寝时间了，告诉他按时休息才能保证第二天去幼儿园不迟到。

没有一个孩子会主动上床睡觉，他们永远没玩够。如果父母允许孩子一而再、再而三地晚睡，规律的作息和良好的生活习惯就难以养成。所以，无论孩子找什么理由，父母都要想办法拒绝。

说谎

孩子在屋子里玩耍，将花瓶打得粉碎。当妈妈问起这事，他却说是家里的猫干的。

父母怎么做

鼓励孩子说实话："告诉妈妈，到底怎么回事？摔了花瓶不可怕，可怕的是不敢承认。妈妈喜欢诚实、勇于对自己的行为负责的孩子。"以此打消孩子的顾虑，鼓励他说出真相，并在第一时间拥抱他、表扬他。如果你相信孩子的谎话，或者即便不信也不予追究，就等于助长了他的这一恶习，会让他越陷越深。

六、多样化教育孩子的“不听话”

孩子在成长过程中有“反叛”时期，不少父母会发现乖巧的宝宝开始变得不听话了，经常顶嘴、发脾气，任性的行为更是超出了爸妈的忍耐范围。这是怎么回事呢？

其实，孩子不听话的背后隐藏着多种原因，爸妈先不要责怪孩子，只要细心地去关心孩子、了解孩子，用正确的方法来开导孩子，他们还是乖巧的宝宝。

不听话之——顶嘴

孩子能说会道，你说一句，他顶你十句，且振振有词。比如玩具没收好就去看电视，妈妈说：“玩具不收好不能看电视。”他就说：“我有权决定什么时候收拾玩具。”妈妈生气关掉电视不让他看，他就叫起来：“你不能干涉我的自由。”

顶嘴背后的秘密

孩子的话显然是从家人那里学来的。如果家庭崇尚民主，对孩子的教育也应该是民主的。此例中孩子的话，可以说“句句是真理”，且能够维护自己的权利，他的行为本质没有错。他只是没有尊重父母，但前提是父母也没有尊重他。

支招

在孩子回答“我有权决定什么时候收拾玩具”后，父母可以不再言语。事后与孩子讨论：父母希望他立即收拾玩具，他是否应该接受？他希望什么时候收拾玩具，父母是否也可以接受。

不听话之——摔门

每次孩子做错了事，父母批评他，他就会气呼呼地走开，并且故意把门“砰”地一声重重摔上。

摔门背后的秘密

这是个模仿力强、对人际关系敏感的孩子。父母忽视家庭人际的沟通或大人之间戏谑、嗔怪的行为，年幼孩子看到的是表面，而孩子的模仿性很强，就学会了。

支招

成人之间互相关爱，互相理解，多做正向沟通。

不听话之——发脾气

儿子玩起电脑游戏来没完没了，妈妈说：“别老玩游戏，眼睛会坏的。”他头也不回地说：“你真烦，烦死了。”如果你和他继续讨论这个问题，就会陷入纠缠不清的讨价还价之中，弄得父母头都大了。

发脾气背后的秘密

孩子嫌父母烦，是因为他必须停止玩游戏。顶撞的言语也是从家人那里学来的。

支招

与孩子约定玩电脑的时间，必要时父母轻拍孩子的身体给予提醒。平时，要特别夸大地表扬他如何有自控力，以强化他的自控能力。

不听话之——事事反驳

孩子为达到自己的目的，以各种理由说服父母，如为什么不这样？为什么要那样？我们可以怎样……比如去外婆家前，妈妈叫她快穿好衣服，她立刻“回敬”：“为什么要快？外婆家又跑不了”“你不是总叫我做事仔细、耐心吗”“外婆总说慢慢来，不可心太急”……

反驳背后的秘密

毫无疑问，这是一个爱“讲道理”的家庭。孩子不能理解不同场合人们的行为需要弹性和灵活性，他们受思维发展（思维刻板性）和生活经验的局限，运用的是一种特殊的推理（转导推理），并据此来指出父母教育理念的自相矛盾之处。

支招

减少笼统的大道理说教，注意具体事情具体要求。如孩子说“外婆家跑不了”，你的回答是“但外婆会着急”。针对“你不是总叫我做事要仔细、耐心”，不可回答“特殊情况例外”，否则，孩子下次又会用这句话为自己找理由。父母可用日常生活中孩子经历过的事例，以故事的形式，具体指导孩子的行为，逐步发展孩子的思维。

孩子不听话，送给父母的锦囊

态度平和

如果你在对孩子说话的时候，使用正常的音调与和蔼的态度，孩子更有可能认真地听你说。

暂停争执

在孩子一时无法接受你的要求，甚至发生争执时，你一定要克制自己的情绪，你可以说："我不想现在处理这个问题，我们稍后再来讨论吧。"

道理教育

当孩子犯错误或行为无礼的时候，不要立即处罚他，应该以友好的口吻来教育他注意自己的行为和举止。"你玩完的玩具不应该随处乱丢，下一次请把它放在它应该放的地方，你的玩具架子才是玩具的家。玩完的玩具应该让它回自己的家，就像你一样，如果你在外面玩够了，我把你丢在街上不让你回家，你觉得对不对？"

语言正面

不要这样对孩子说："我要说多少次你才会去刷你的牙齿呢？"而应该说："去刷牙吧，我想知道你什么时候能完成，看看你是否可以刷得很干净。"

给孩子解释的机会

当孩子跟你说他为什么这样做的时候，你应该给孩子解释的权利，让他简短地解释他为什么需要做这件事，之后再跟他解释清楚这样做错在哪里，他有没有理由这样做，以及告诉他正确的做法。

因势利导

不要将所有的注意力全部集中在孩子的不当的行为举止上，其实每个冲突发生的时候，都是我们教育孩子的机会，不要放过它，好好利用这个机会因势利导教育孩子。

鼓励孩子

可以通过语言来激励孩子，通过合作的方式来鼓励他进取，类似的话语有："你看，别的小朋友都能做，你一点也不比他们差，你完全能比他们做得更好，对不对？"

不要武力威胁

出现问题的时候，不要说"你要是再这样，就该挨打了！""还记不记得上次我为什么打你？"这种武力威胁实在是天大的错误，尤其是不应该提起以前给孩子造成的痛苦。武力威胁只能让孩子认为你是一个专制粗暴的家长，而越发拒绝与你合作。

多样化教育

发现孩子犯错误时，不要每次都用一种面孔、一种说理的方式，孩子会感到厌倦。你完全可以变换一些花样，因事制宜，尝试孩子能接受的各种方式。比如问题出现时可以先简单处理一下，然后在有时间的时候再通过讲故事、做游戏、去动物园、参观博物馆、郊游等等形式，结合看到、听到的事物深入地阐明你要告诉他的那个道理。在冲突的当口，孩子往往不容易接受批评，但是在事后进行这种耐心的教育，孩子就容易接受了。

七、打孩子的行为可取吗

沫沫在商场非要买变形金刚，妈妈哄了半天，沫沫都不听，还又哭又闹。围观的人越来越多，妈妈忍无可忍，朝沫沫的屁股打了几下，沫沫最终哭哭啼啼地跟着妈妈走了。

在很多家长看来，打孩子一巴掌是小事，“打孩子是一种有效的教育手段”“打一巴掌不算暴力，遍体鳞伤才叫暴力”“孩子不打不听话”……这是很多家长的想法。

这说明这些父母还没有充分认识打骂、体罚孩子的危害性，没有考虑到孩子的需要与特点，一味地从自我出发，不允许孩子有半点差错或异议，使孩子感受不到亲子之情，让孩子处于不安和焦虑之中，智力发展也将受到不良的影响。

体罚孩子的危害性

孩子会模仿父母的行为

如果我们打孩子的屁股，他们会理解为所有人都有权利打人，特别是大人物可以打小人物。孩子会学习，很快你可能就会发现孩子们会打自己的兄弟姐妹，甚至孩子长大后会以这种方式来对待自己的配偶和子女。

促使孩子学会撒谎

家长体罚孩子，孩子为避免皮肉之苦，就要想办法进行自我保护。撒谎无疑是最好的办法。而撒谎是许多不良品德的根源和庇护者。这意味着，体罚有可能间接导致孩子形成一些不良品德，做出一些不良行为。

伤害孩子的身心健康

对孩子实行体罚，往往是在家长非常气愤、惊怒、丧失理智、不顾后果的情绪状态下发生的，很容易打孩子太狠，以至于致伤、致残甚至致死。

体罚还会严重伤害孩子的人格和自尊心，造成心理上的创伤，使他完全失去上进心；还可能使孩子自暴自弃而感到活着没什么意思，从而走上绝路。

效果适得其反

一旦开始惩罚孩子，就会不断加重惩罚的方式和力度。孩子摸了花瓶，父母会严厉地警告他不要碰；如果他再次尝试，父母会拍他的手；等他再次迅速伸手抓住花瓶不放，父母可能要靠恐吓让他放下花瓶，最后可能盛怒之下就要打他屁股了。

如果一开始父母选择以讲道理的方式告诉孩子，可能后面就不会发生这些。而正是父母的“不要碰”，激发了孩子的逆反心理，他想知道最坏的结果是什么，想挑战父母的极限。所以，停止这种没有意义的体罚吧，给孩子的童年留下多一点的美好回忆。

孩子会贬低自己

孩子会自然地认为他生活在最有爱心的家园里，但是体罚会给他们一些混乱的信息，尤其是对太小的孩子，还不能明白被打的原因。父母花了很多时间建立孩子被重视的安全感，让孩子觉得“父母好”，突然有一天，孩子打破了玻璃，父母的一巴掌让他觉得“我一定是不好的”或“爸妈是不爱我的”。慢慢地他可能会变得孤僻，避免与家长的目光接触，甚至失去以前的活力。

孩子犯错，家长应该怎么惩罚

孩子犯了错误，家长的确需要及时教育并要求孩子改正，但要注意惩罚的方式。而体罚是不可取的，对于孩子的心理和亲子关系都会有不好的影响。

惩罚孩子的原则

对事不对人，让孩子清楚地知道他是做错了什么才受到惩罚，并告诉他正确的行为方式。

选择合适的惩罚方式

- 罚孩子要谨慎，不能造成身心伤害，切忌在盛怒之下惩罚孩子。
- 罚孩子不可采取杀鸡儆猴、报复、翻旧帐、连坐（一人犯错，其他人也跟着受罚）等方式。
- 不在公开场合惩罚孩子，照顾到孩子的自尊心。
- 惩罚后要适当安抚，告诉孩子父母真心爱他，希望他能学好。
- 如果孩子能改过，应该立即赞美，让他感受到父母之爱的惩罚才有意义和效果。

八、家长的错误教育导致孩子发脾气

有些孩子动不动就生气，只要稍微不如意，就开始翘鼻子、拉长脸，甚至和父母大吼大叫。发脾气是表示不满的一种宣泄，如果孩子频繁地发脾气，家长就要反思了：是不是自己的教育出了问题？孩子的问题，背后隐藏的是家长的错误。没有教不好的孩子，只有不肯改变自己的家长，做好自己，才是教育好孩子的最佳途径。

你是否忽略了孩子的情绪

孩子发脾气是发泄他的不满情绪，也有可能是他希望引起别人注意的一种方式。他用发脾气的行为方式来告诉父母他的不满、失望、恐惧等，寻求父母的注意和帮助。这时候父母一定要接受孩子的情绪，学会耐心倾听，分析孩子发脾气背后表达的需求，根据情况给予引导。

你是否总是让孩子不满失望

有的父母经常给孩子做一些许诺，如答应孩子周末去哪儿玩，孩子伤心难过时答应给孩子买好吃好玩的……但最后又以种种理由没有去兑现承诺，这让孩子非常失望，负面情绪积累，最终发火表达自己的不满。还有的父母无视孩子的感受，在别人面前说他们的一些毛病，或者无休止的在孩子面前拿他以前的错误来说教，让孩子觉得自己全是错，导致孩子情绪的冲动。

你是否疏导了孩子的负面情绪

有时孩子本想做好一件事情得到父母的夸奖，却怎么也弄不好，又不希望家长来帮忙，结果越弄越糟糕，越急脾气越大。而很多家长可能忽略了孩子的这种情绪，让孩子的负能量不断堆积，脾气越来越坏。

你的教育方式是否过于简单粗暴

孩子发脾气是不良情感的一种发泄，是孩子对爸爸妈妈的最后反抗手段。父母如果因为没有耐心而吓唬孩子，无疑是火上浇油；若是妥协，则正好落入孩子的圈套，助长孩子的气焰，长此以往，会宠得孩子极端任性，无法管教。

你的行为是否为孩子做了不良范本

孩子的许多语言行为都是从模仿开始，如果大人的一些做法不当，很容易就能在孩子的行为中折射出来。如果父母平时遇到不顺的时候就发脾气，夫妻间也经常吵架，一味否定，甚至贬低、打击、打骂孩子，长期以往，孩子会认为这是解决此类问题的唯一方式，他也就学会了发脾气。

九、教孩子学会公共场所的礼仪

孩子活泼好动，好奇心重，去公共场所玩耍时，常常像脱缰的小马一样到处奔跑，大声喧哗吵闹，还喜欢吃零食，到处丢垃圾……家长觉得不好意思，孩子也被人嫌弃。随着孩子年龄的增长，到公共场所的机会越来越多，父母要教孩子学会一些在公共场所必须遵守的礼仪，自己也做好榜样，帮助孩子培养文明礼仪与良好的学习生活习惯。

遵守交通规则

教孩子在外行走时要遵守交通规则，走人行道，不占盲道，右侧通行，横过马路时走专用通道，根据“红灯停，绿灯行”的指示走斑马线；行人之间要相互礼让，尽量为长者、老弱病残者让路；让负重的人或孕妇、儿童先行。

乘电梯时注意安全

升降式电梯：一般写字楼与居民住宅楼的电梯都是升降式电梯，乘坐电梯时不要扒门，不要划门，先出后进，不强行挤入，超载时主动退出，不乱按数字键与功能键。

步梯滚梯：通常大型商场与超市都是步梯或滚梯，乘电梯时站稳并抓紧扶手，靠右侧，不推不挤，不打闹。

外出文明就餐

候餐时不要敲桌敲碗，乱叫乱喊；不要随地乱吐乱扔、乱倒饭菜；不随意丢弃餐巾纸；与他人一起用餐时，不宜咀嚼声大作、不宜下手取食，起身夹菜；不制造噪音扰乱别人。

第七章

养育两个孩子的万全准备

养育两个孩子，绝不仅仅是一个孩子的叠加。二宝出生，不仅增加了一个人的养育重任，大宝原有的作息规律也被打乱，父母面临两个孩子新的喂养、睡眠、疾病等问题，如果不能未雨绸缪，做好万全准备及预防措施，将会大大增加父母的负担，还会让孩子们遭受一些不必要的挫折。所以，提前预知问题并找到解决的办法很重要。

一、关注两个孩子的饮食

现在大部分家庭都是双薪夫妻，父母忙工作，下班时间不固定，孩子的三餐时间也不定，有时候甚至不得不买个快餐草草了事。所以很多孩子蔬果的摄取量偏低，高脂肪、高胆固醇食品摄入偏多，导致许多肥胖儿和抵抗力差的小孩出现。

保证孩子的营养均衡，最好的还是饮食。家长们不要图省事，以为让孩子吃些营养片就可以了，花些心思在饮食上，既安全又可靠。

不要偏食

食物烹调多变化，为避免儿童偏食，营养必须要均衡。油炸、烘、烤食物不易消化，且许多材料易受高温分解，要注意食品的营养调配。

食物多些变化

父母对于孩子的饮食要多用心，不要为了怕孩子饿，就让孩子吃零食，也不要让孩子把汽水、巧克力、糖果当作正餐；平时应把五大营养素搭配成主副食，不能只偏重肉类而不吃蔬菜，可以用鲜艳的蔬果搭配食物，多变换一些样式以刺激孩子的食欲，才能够达到营养均衡的目标！

多吃天然食物

天然食物可以避免食品添加剂的危害(食用生菜类必须清洗干净，以减少农药残留)；过度加工的食物常流失了很多的营养。

补充食物纤维

补充适当的食物纤维，虽然纤维素无法供给人体任何能量，但它却能使肠道蠕动正常，并有助于降低胆固醇的含量及稳定血糖、改善便秘，预防痔疮、肥胖、结肠癌等疾病的发生。

避开禁食食物

刺激性饮料如浓茶、酒等，以及油脂、肥肉和过甜、过酸的食品，应尽量减少或避免；此外应避免吃硬果类等不易消化的食品，如粒状花生、核桃、杏仁果等；禁止喝发泡类饮料，如可乐等强酸性饮料。

一定要吃早餐

不吃早餐会影响孩子整天的精神，而约有两成的12岁以下的孩子不吃早餐，或者自行买早餐吃，父母应该对此多加关心。

二、维生素的摄取很重要

维生素虽然在人体中含量很少，却是人类生长、发育及新陈代谢不可或缺的重要物质。孩子在幼儿时期的生长速度是成人生长速度的几倍，维生素的摄取更是重中之重。因此，父母非常有必要了解一下人体所需的各种维生素和矿物质都“藏”在哪些食物中，并对身体起什么作用。这有利于父母科学合理地安排饮食，加强幼儿的膳食营养，促进孩子健康成长。

名称	功效
维生素A	维生素A是可以使眼睛适应昏暗光线的重要营养元素，摄入不足会让人的视力受到损害，重者还可引发夜盲症。维生素A在牛奶、奶油、蛋黄及动物肝脏中含量最多
维生素C	维生素C能维持牙、骨骼、肌肉、血管的正常功能，促进肠道内铁质的吸收，同时还可提高机体免疫力和预防抗坏血酸病，缺乏时可引发坏血病。维生素C多富含在柑橘、刺梨、酸枣、野李、草莓、山楂、苹果、柠檬、猕猴桃等新鲜水果和白菜、西红柿等新鲜蔬菜中
维生素D	维生素D有助于钙在骨骼中的储存，保持骨骼健壮，预防骨骼疾病的发生。缺乏时会影响幼儿的骨骼和牙齿的正常发育，严重者可引起佝偻病。牛奶中维生素D含量最丰富
维生素B_1	维生素B_1可调节神经组织和心脏功能，促进生长发育，富含在粗粮、糙米、麸面、豆类和硬果类中，此外在瘦肉、动物内脏、蛋黄中的含量也较高

名称	功效
维生素B_2	维生素B_2能提高机体免疫功能，增强抵抗能力，多富含于奶、肝、牛肉及龙须菜中
维生素B_6	维生素B_6能提高免疫系统的抗病能力，富含于白肉、肝、粗粮、蛋黄、香蕉、马铃薯中
维生素B_{12}	维生素B_{12}也叫钴胺素，与叶酸一起促进红细胞的合成，摄入不足会导致贫血，多富含在瘦肉、鸡蛋、肝脏、牡蛎和牛奶、奶酪及奶制品中
钙	钙是构成骨骼的基石。乳制品是钙吸收率较高的补给品。牛奶、干酪和酸奶是最好的钙源
碘	碘缺乏可导致儿童生长迟缓和智力低下。海产品食物中含碘多
铁	铁是合成血红蛋白的原料，缺铁易导致贫血，还会导致疲倦、乏力、易怒及注意力不集中等问题。廉价的铁源是豆类、全谷食品、瘦肉、动物肝脏等。补铁的同时应注意补充含维生素C丰富的食物，有利于铁吸收
锌	锌有助于机体抵抗感染和修复机体组织，还有助于提高智力，缺乏时可引起儿童大脑发育不良和异食癖、多动症等。锌多来自于牛肉、全谷食品及牛奶中

三、孩子吃点心不要影响正餐

点心在孩子的饮食中发挥了重要的作用。在大量的活动之后补充一点能量、在两餐之间摄入额外的营养或液体都是非常好的，也是合理的。当然留意孩子吃多少是非常重要的，这样才不会影响孩子的一日三餐。

孩子吃点心的小疑问

吃点心会使孩子发胖吗

体重是增加、丢失还是保持，决定于人体摄入热量和消耗热量的多少。一块点心、一餐饭，或一天的高脂饮食不会造成肥胖或破坏孩子的健康，长期的食品选择和饮食方式才起作用!

吃点心会影响正餐吗

饭前2小时吃少量的点心不会影响孩子的正餐。孩子的饮食一般可安排为早、中、晚三餐及午后一次点心的“三餐一点”进食方式，同时兼顾各种营养素的比例，将食物恰当地分配在四次进餐中即可。

吃点心会造成蛀牙吗

频繁地吃点心会导致蛀牙。所以吃完点心之后，要鼓励孩子勤刷牙或者漱口，除去粘在牙齿或齿间的食物。

吃点心的注意事项

- 注意点心的质与量。酸奶、奶酪块、水果、生蔬与稀释过的果汁等健康点心都是很好的选择。起泡软饮料、炸薯片、饼干和糖果则没有什么营养价值，不应经常吃。

- 上午和下午各让孩子吃一次健康的点心，不要提供含糖点心。
- 不要让孩子们接触点心，这样孩子就无法自己取用。把点心收起来放进点心盒里，放在孩子够不到的地方。
- 注意提供的点心数量。不要给孩子们一大堆点心，那会影响他们一日三餐的食欲。
- 不要在临近吃饭时间给孩子们吃点心。
- 不要把点心当成贿赂孩子的工具，也不要为了让他们好好吃饭而把点心作为讨价还价的方式。
- 孩子偶尔吃点点心是没有问题的，但要依照你的意见食用。

TIPS

慎吃含糖点心

孩子吃了含糖点心或喝了含糖饮料后，血糖会快速飙升，刺激胰腺分泌更多胰岛素来分解血糖，导致血糖水平急剧下降。这种忽高忽低的血糖浓度会表现在剧烈起伏的情绪上——血糖水平高时孩子表现为精力过剩，血糖水平低时则会脾气暴躁、爱发牢骚。

四、养成不挑食不偏食的好习惯

所有的爸爸妈妈都希望自己的孩子不挑食，乖乖吃饭，但宝贝天生就会挑食、偏食。有时不爱吃饭也是一种自我意识的表现，是孩子向大人强调自己的存在，不希望大人干预他的自由的一种表现。

"宝宝2岁了，什么饭都不吃，喂到嘴里就吐出来，都这么大了还一直喝奶，愁死我了。"

"女儿平时吃饭不好，每次吃饭都是追着喂，每顿饭能吃一个小时，一个小时就吃一口饭，黄瘦黄瘦的，身体还不好，经常生病。"

"儿子6岁了，老是不好好吃饭，口臭、磨牙、夜里出汗，经常感冒咳嗽，而且一生病就输液。"

父母需要注意的是，要在孩子接触各种各样食物的最开始，帮助他习惯、适应并喜欢上健康的饮食。

就餐专一

在真正就餐之前，要安排一个适宜的就餐环境：关上电视、拿开手机、移走玩具……把一切容易转移注意力的物品拿开，可以培养良好的就餐习惯。

千万不要让孩子一边玩耍一边吃饭，或一边看着电视一边吃饭，大人也不要在孩子吃饭时讲故事，也不要一边逗孩子一边趁孩子不注意就往孩子嘴里塞一口饭，这些习惯都很不好。吃饭时，肠胃功能就为饮食做好了充分的准备，不能让孩子边吃边做别的事情。

减少吃饭的次数

少餐多次的饮食习惯对大多数孩子来说是错误的。吃饭的次数应该越少越好，孩子1岁了，能五顿饭的绝不六顿，能四顿饭的绝不五顿，只有吃饭的次数减少才能离一日三餐的目标更近，人类长期进化的结果就是这样。

就餐定时

有的孩子一顿饭能吃一个小时，家长也让孩子随饿随吃。其实，孩子吃饭的时间应控制在30分钟左右。如果中午是12点吃饭，到12点半了，就不要再撵着孩子喂饭了，孩子哪怕只吃了一口，也不要再喂了，下一顿饭6点开饭，就让孩子饿到6点。尤其是患有厌食症的孩子，一定要控制好就餐时间。

餐前备时

饭前应有20分钟的准备时间，这主要是针对上幼儿园或上学的孩子。这类孩子往往刚从被窝里出来就被拉到饭桌上了，这样很容易损伤肠胃功能。建议家长要不就早起一会儿，要不就晚吃一会儿，不要让孩子迷迷糊糊起来就为满桌的饭发愁。

还有一点，饭前饭后半个小时内不要吃水果、喝水。饭前不喝水是为了防止形成饱腹感，饭后喝水则容易冲淡胃液影响消化，吃水果则会加重胃的负担。

让孩子自主饮食

有些家长担心孩子自己吃饭会弄得满桌都是饭菜，或者怕孩子被热饭烫到，还有家长嫌孩子吃饭慢，急着上班或送孩子上学，就干脆喂孩子。这就导致有的孩子已经很大了还不会自己吃饭。

家长应最大限度地让孩子自己吃饭，在孩子很小的时候就开始训练，让孩子养成自己用餐的习惯，这样对孩子养成良好的饮食习惯是很有帮助的。因为家长喂饭的时候，不知道孩子的感受，可能一口饭还没有完全咽下去，第二口饭就跟上来了，有时候好不容易喂半天，可能一口没喂好，孩子吃的东西就全吐出来了。

五、不适合孩子喝的饮料不要喝

大多数孩子都喜欢喝饮料，尤其是夏天，那种清甜、凉爽的感觉让人倍儿爽。然而，从饮料进入口腔那一刻，直至流入胃里，这一过程可能会对孩子的身体造成很大的危害。父母一定要对自己孩子所喝的饮料有所甄别，适量饮用或少喝为妙。

名称	影响
咖啡与可乐	咖啡、可乐等饮品内含咖啡因等刺激性物质，具有醒脑提神、健胃强身、利水利尿的作用，不宜过量，应浅尝辄止
汽水	其主要成分是糖（或糖精）、色素、碳酸水，经加充二氧化碳制成，除了提供一定的热量外，几乎没有什么营养，反而会使人体摄入过多的人工合成香精和色素，不利于孩子的身体健康，所以少喝为宜
益生菌饮品	儿童对益生菌的需求量不是很多，他们正处在发育中，无须太多的“外力”。如果喝太多，反而对娇弱的肠胃产生不良影响
功能饮料	功能饮料一般来说是针对所有人的，但是有的功能饮料只针对特定的人群，比如含有咖啡因等刺激中枢神经成分的功能饮料，儿童就应该慎用。有的功能饮料上写着有降血脂的功能，同样不适合孩子饮用

名称	影响
茶水	茶水虽然含有维生素、微量元素等对人体有益的成分，但孩子对茶碱较为敏感，可使孩子兴奋、心跳加快、尿多、睡眠不安等。另外，茶叶中含的鞣质会影响铁的吸收
酒精饮料	酒精是一种原生质毒物。儿童身体的各个组织器官发育还不成熟，特别是口腔、食道的黏膜细嫩，管壁浅薄，如果长期饮酒会导致口腔癌或食管癌
果汁	一般来说，市场上出售的各类果汁都是经过加工制成的，在加工过程中不但会损失一部分营养素，而且必然会添加一些食品添加剂（如香精、色素等），对儿童来说，长期过多饮用果汁是不利于身体健康的。因此，忌用果汁来代替水果
碳酸饮料	研究发现，儿童喝碳酸饮料越多，就更容易出现攻击性、注意力不集中以及不合群等行为问题。其中每天喝4杯或4杯以上的儿童，破坏别人东西、与人吵架或殴打别人的可能性是不喝碳酸饮料的儿童的两倍。并且多喝碳酸饮料会出现肥胖、影响食欲、导致龋齿、使骨钙流失、越喝越渴酿结石等问题
调味乳	调味乳是以奶或还原奶（复原乳）为主料，添加调味剂，经过巴氏杀菌或灭菌制成的液体乳制品。一般调味乳中蛋白质含量在2.3%以上，市场上常见的品种有甜奶、可可奶、咖啡奶、果味奶、果汁奶等。可可奶中的巧克力、可可粉本身的含糖量并不高，但是这类产品中大多数会添加较多的蔗糖，一般在3%～10%，儿童过量饮用容易造成龋齿。咖啡奶中含有少量的咖啡因成分，儿童也不适宜过多饮用

六、父母最好和孩子分床睡

很多家长为了晚上方便照顾孩子，习惯与孩子睡在一张床上，殊不知这样存在一定的安全隐患，比如：宝宝可能随时被熟睡的大人压到，还可能会被大人的被褥、枕头等物品堵住口鼻，发生窒息。因此，家长最好跟宝宝分床睡，孩子其实比你想的要坚强得多。

孩子独自睡觉的好处

养成良好的睡眠习惯

分床睡会使大人和孩子的“私人空间”都变得更大，宝宝不会因为你的翻身或其他动作而惊醒，睡眠时间和睡眠质量都更有保障。因此，宝宝和妈妈都能睡得更好。

避免恋父或恋母

幼儿到了3岁左右已经有了最初的性别意识，能够分清自己是男孩还是女孩了。如果长时间不和父母分床睡觉，有可能滋生恋母或恋父情结，甚至形成性别识别障碍。

利于孩子发展独立自主的意识

孩子在1岁半左右自我意识开始萌芽和发展，需要有“我的床”“我的枕头”“我的被子”“我睡觉的地方”……这些具体的事物可以让孩子感受到“自我”的存在，认识到自己在世界上有独立的“位置”。

增加孩子的安全感

孩子的安全感是后天通过父母及周围环境等获得的。当父母成功地帮孩子度过了分房时期，孩子就会逐渐体验到成长的快乐，这种快乐是构建孩子的自信、自尊和自主的重要元素。只有自尊、自信和独立自主的孩子才具有对这个世界真正的安全感。

为二宝建立规律的作息程序

从二宝出生开始，就要建立一套吃饭、活动和睡觉的模式。基本的原则是，无论是吃饭、玩耍还是睡觉，每一天都应当遵循基本相同的过程。

可以将婴儿一天的生活分为吃、活动和睡觉三部分，如果每天按照一定的顺序和间隔安排婴儿的生活，即让宝宝醒来后先喂食，然后让他玩一会儿，接下来是睡觉，就可以帮助婴儿建立一套常规的程序，从而让生活井井有条，让父母可以享受自己的时间。当然，这不是一个硬性的时间表，不必拘泥于精准的时间，要通过仔细观察宝宝的需求和特点之后，再确定出完整的作息程序。

制定大宝的睡觉规则

大宝年龄稍大，在睡眠上如果有问题，就不再是生理问题，而更多的是心理或习惯问题。父母应反思自己的生活规律、行为习惯等对孩子的影响，不仅要以身作则，率先建立规律的生活习惯，而且还要有恒心和耐心将这种习惯坚持下去。

梳理和制定整个家庭的睡眠规则，每天保持一致。定好大宝每天睡觉的时间点，入睡前预留充沛的时间和大宝玩耍一会，让他在情感上得到满足，有助于入睡。除此之外，预留睡前仪式时间，比如讲睡前故事、睡前聊天谈心等，让孩子从激动、兴奋慢慢过渡到平静，有助于更快地进入梦乡。

严格执行大宝睡觉的时间。孩子肯定会提出各种要求来拖延睡觉的时间，父母一定要拿出温柔而坚定的态度告诉孩子，规则是不能改变的。逐渐地，孩子会意识到这条规则是不可改变的，就不会再试探了。

八、正确训练孩子如厕

宝宝的如厕训练就像学走路一样，是一个需要耐心等待的过程，它的顺利完成不取决于父母的主观愿望，而在于宝宝动作和心智两方面的成熟度和它们的完美配合。

不论如何，父母要学会如何对孩子进行如厕训练——了解孩子是否准备好、制订有效的如厕训练计划、孩子做对时应该表扬他或给予适当的奖励。

如厕训练的准备工作

正确的训练时间

每个孩子准备好接受如厕训练的时间会有所不同，可能是18~36个月的某个时间。一般来说，女孩的如厕训练比男孩更容易——女孩进行如厕训练的平均年龄是29个月，而男孩是31个月。

使用正确的装备

可以给孩子买一个他喜欢的有卡通角色的可爱便盆，还可以考虑买一个移动便盆，在孩子需要排便时把它放在马桶上面。一开始可以把便盆放在游戏室或客厅，这样能增加孩子排便时的舒适感，以后使用时也不会那么排斥。

如果你一开始就打算用马桶，那需要给孩子弄一个垫脚凳，这样他们脚下感觉会比较踏实，坐在马桶上也会比较安全，也会帮助他们消除掉进马桶的恐惧感。

制定如厕时间表

制定时间表有助于把如厕变成例行事务，帮助孩子记住自己要去如厕。刚开始时，定时把孩子放到便盆上，每天2或3次，每次让他坐上几分钟。如果他会用了当然很好，如果没有学会使用也不要担心，你只需让孩子学会感受和习惯它。

挑孩子最可能上卫生间的时间鼓励他如厕，比如早上醒来、饭后和睡前。把如厕作为孩子睡前例行事情的一部分，他们很快会自己形成习惯。

TIPS

父母可通过以下信号判断孩子是否能进行如厕训练：

- 对卫生间和别人怎么使用卫生间表现出兴趣。
- 良好的运动技能——包括走去卫生间、爬楼梯和脱裤子的能力。
- 良好的语言技能——能听懂指令和上厕所的有关词语，还有表示需要上厕所的交流能力。
- 可预见排便和能保持尿布干燥两小时以上的能力。
- 懂得通过语言或面部表情表达他们什么时候需要排尿或排便。
- 取悦父母和表现出自己已经长大了的欲望。

制订有效的如厕训练计划

示范给孩子正确地使用便盆

通过把脏尿布上的东西倒到便盆里来给孩子解释，告诉他们便盆就是“粑粑”和“尿尿”应该去的地方。也可以把尿布上的东西倒进马桶里，然后在冲走这些东西时让孩子和它们说“再见”。

也可以在你要上厕所时把孩子一起带到卫生间，给他示范如何使用马桶。你坐在马桶上时，让孩子坐在便盆上，告诉他应该怎么做。运气好的话，这会让他们从使用便盆中得到鼓励，让他们觉得自己是“大男孩”或者“大女孩”了。

如果可能，小男孩最好还是由爸爸带着上厕所。但不要在这个时候教男孩子站着尿尿，这会使他们感到混淆，很可能把事情搞砸。现在让他们坐在便盆上才是重要的事情。

孩子如厕时和他们待在一起

有各种原因会造成孩子在使用便盆时感到焦虑：如果使用马桶，他们会担心自己掉进去；害怕马桶冲水的声音；还有些孩子把便便当成自己身体的一部分，在使用便盆时以为自己就要这样消失了。因此，在孩子坐在便盆上时家长的全程陪同是非常重要的，至少最开始的时候是需要的。

陪孩子如厕时可以朝孩子微笑，给予足够的表扬；孩子在蹲便盆时，还可以给他们唱首歌或和他们做游戏，这样他们会把如厕当成是一种有趣的活动，而不是让人畏惧的事情。

还有一点建议，如厕训练的地点最好由卧室逐渐向洗手间过渡，让孩子了解洗手间的功能，有助于他们养成好的如厕习惯。

给予孩子适当的鼓励

表扬孩子的各种尝试

无论孩子是否能成功使用便盆，最重要的就是不断地表扬他们。对孩子的每个小成功都要表扬——从告诉你他想上厕所了，到脱下自己的裤子，到在马桶上坐够时间。就算有的事情他们没做到，也要表扬他们“做得好”并且提醒他们下次可以再试试。

孩子拉便便后不要责备他

责备和惩罚是如厕训练最忌讳的。记住孩子只是最近才逐步学会有意识地控制他们的膀胱和排便的，他们也不是故意要乱拉便便来惹怒你或给你带来额外的工作的。

因为不小心拉便便或没有使用好便盆而责备孩子，会使他们对整件事产生焦虑的情绪。这种焦虑会使他们开始憋便，从而导致更严重的随处排便，同时还可能导致健康和心理上的问题。

如果孩子不小心拉便便了，你需要使他们安心，说“没关系”，让他们知道你为他们的尝试而感到骄傲，而且对他们很快能学会使用便盆是充满信心的。

保持耐心

如厕训练对家长来说是一件有压力和挫败感的事情，但记住这只是暂时的，你的孩子迟早会学会。无论孩子做得好不好，都不要觉得烦躁。当孩子准备好了，他们会学得很好。

如果孩子老是不能领会如厕的技巧，最好就让如厕训练搁置1~2个月再试。有的孩子直到3岁才能完全地学会如厕，这是非常正常的。

九、孩子分离焦虑的正确对策

菁菁特别黏妈妈，到了让人担心的程度：每次妈妈去上班，菁菁总要大哭，张着双手要跟着，一旦妈妈狠心走开了，她能哭一个小时。下了班，菁菁就寸步不离地跟着妈妈，连上厕所也要跟，生怕妈妈不见了。菁菁妈妈很担心这样下去，将来她怎么去幼儿园，怎么跟人交往。

分离焦虑是孩子成长的标志

分离焦虑期是每个孩子成长必经的一个阶段。孩子刚出生时，认为妈妈是自己的一部分，到6个月左右，才逐渐认识到妈妈和自己是不同的个体，并意识到妈妈有可能与自己分离，焦虑感由此产生，并会越来越强，以至于即使分开片刻，孩子也会号啕大哭，这种分离时的恐惧感就是分离焦虑。

分离焦虑在孩子8个月左右的时候开始出现，女孩子在3岁左右焦虑感才慢慢消失，男孩子则要晚一些，在4岁左右才能完全克服这种焦虑感。

孩子刚出现分离焦虑时，一刻都不让妈妈离开，妈妈因此感到疲惫和苦恼。但从另一个角度看，分离焦虑的产生恰恰证明妈妈和孩子已形成牢固的依恋关系，孩子的发育已经进入一个非常重要的阶段。相反，如果孩子没有分离焦虑，则说明母子之间没有形成很好的依恋关系，这样的孩子在长大后可能会出现更严重的情绪障碍。

怎么帮孩子克服分离焦虑

让孩子明白妈妈很快会回来

对处于分离焦虑期的孩子来说，最重要的就是让他们知道妈妈会回来的。分离之所以会让孩子感到焦虑，主要是孩子担心妈妈不要自己了。因此，让他们适应分离，知道妈妈会回来就显得格外重要。

循序渐进地让孩子适应分离

刚开始，妈妈可以把宝宝放在浴室或厨房的门口，自顾自地做事，给宝宝一两个他喜欢的玩具，让他能一边玩一边看到你。接下来，妈妈可以让孩子在一个房间独自玩耍，自己则在隔壁房间随时待命。宝宝有任何需求，妈妈就马上出现在面前。让宝宝知道，即使他看不到妈妈，他也是安全的。

然后，妈妈可以在爷爷奶奶或保姆看护孩子的情况下，与孩子短暂分离，并郑重地与宝宝告别，告诉孩子："妈妈有很重要的事情，要暂时离开一下，10分钟之后就回来。"然后关门离开。10分钟之后，妈妈再开门回家，大声地对宝宝说："宝宝，妈妈回来了！"当宝宝逐步适应后，妈妈可以把分离的时间逐渐延长为半小时，一小时，半天，一天……

每天郑重地与孩子告别

每次离开的时候，妈妈一定要非常郑重地举行一个告别仪式，与宝宝拥抱、告别，让他明白妈妈的不舍，然后让宝宝看着妈妈离开。此时接替照顾孩子的人可以抱着孩子，轻轻地拍拍他的背，和他说说话，让他知道妈妈只是暂时性离开，很快就会回来。

让孩子多和不同的人接触

孩子对于父母和熟悉环境的依赖也会导致他出现分离焦虑。父母可以创造一些孩子接触其他人的机会，如果孩子喜欢，可以让他多和小朋友一起玩；回到家后，也可以让他自由活动。

TIPS

爸爸妈妈不能做的四件事

- 偷偷溜走：孩子会因无法确认父母什么时候会回来而更加不安。
- 情感威胁：例如对孩子说："你再哭我就不爱你了。"
- 忽视孩子的情感：例如将孩子直接交给老师，说"让他哭"，然后径自离开。
- 威胁：例如跟孩子说："明天去幼儿园如果你又哭，回家就要罚站。"

十、重视孩子的过敏反应问题

很多疾病都和过敏反应密切相关，但很多家长不是很重视过敏反应问题，觉得自己没有过敏反应问题，孩子也没有明显的过敏反应症状，不需要过分担心。其实不然，过敏性疾病是伴随社会的发展而逐渐增多的疾病，社会现代化程度越高，过敏性疾病就越多。城市污染、家养宠物、汽车尾气、气候变暖等，都会增加过敏反应的概率。适当地预防过敏反应可以改善孩子的生活质量，同时也可以改善家长的生活质量。

预防花粉过敏反应

花草的粉末是最主要的过敏原，具有明显的季节性，春季和秋季是花粉最多的季节。春秋季节少去花草集中的植物园或公园；或者去的时候记得戴上口罩。回家后要赶快洗去落在头发和衣服上的花粉。尤其是有风的时候，应尽量减少或避免户外活动。

家里不要种花种草，花粉季节尽量少开窗通风；在室内使用加湿器也可以有效减少室内花粉的浓度。

预防尘螨过敏反应

尘螨主要生活在居家环境里，所以家庭环境很重要。床单等寝具最好使用防螨材料制品，尽可能每周用55℃以上的热水清洗一次。

尽量不要使用地毯和挂毯，家中最好是木质地板，也可以使用一些尘螨杀虫剂。孩子的毛绒玩具和窗帘也可能成为尘螨的藏身处，尽量不要使用布料沙发，改用皮沙发或者木头沙发。也不要使用窗帘布，布料容易吸附室内的尘土、尘螨、细菌及其他过敏原。尘螨的生长需要湿度，加强室内通风，降低室内的湿度也可以有效控制尘螨的滋生。

预防微生物菌群过敏反应

微生物菌群也是常见的过敏原，主要发生在雨季。在夏初和秋季家长要督促孩子多喝水，经常给孩子清洗鼻子。此外要减少家中植物盆景的数量，因为潮湿的土壤是微生物菌群理想的繁殖地。

预防毛发和灰尘过敏反应

宠物的皮毛和分泌物都是很强的过敏原，尤其是猫，即使猫离开家一年多，家中还可以检查出过敏原。另外，很多社区的宠物很多，空气中弥漫着细小的过敏原颗粒，所以很多孩子整天流着鼻涕跑来跑去，特别是流黏稠鼻涕的孩子，最好经常清洗一下鼻子。

定期清洗空调过滤网，容易积存灰尘的家电及家具也要经常清洗，地板要先喷点水雾再扫。不要在室内吸烟，也不要带孩子到有人吸烟的公共场所。

TIPS

预防过敏反应小诀窍

●过敏性体质的幼儿接种疫苗必须要谨慎：因为某些疫苗含特种蛋白质，很可能引起过敏症状。

●冷空气也是过敏性鼻炎的常见诱因：孩子一遇到气温变化鼻子就敏感，预防的最好办法就是游泳增加抵抗力。但在游泳前要让孩子有个适应的过程，最好先让孩子用凉水洗脸，接着用冰水洗脸，等孩子逐渐适应以后再去游泳。

●少吃容易引起过敏反应的食物：过敏原是否会引起过敏，在体内有一个叠加的效应，减少接触一种过敏原可以有效减少其他过敏原的刺激。

●平时要让孩子适度运动，经常锻炼身体，增强孩子的免疫力，从根本上可以预防孩子生病。

第八章

家有两宝的 安全教育

对于弱小的孩子来说，危险无处不在。即便爸爸妈妈陪在身边，即便呆在家里闭门不出，仍有很大的概率发生伤害。作为孩子安全的第一道防线，父母不但要时刻提高警惕，还要对宝宝进行适当的安全教育，让孩子学会保护自己，竭尽所能地给孩子一个没有遗憾的童年。

一、大宝的旧用品可以给二宝用吗

有个妈妈生完二胎后，将大宝的旧婴儿床给二宝用，但却忘记了这个婴儿床的床板和围栏是有问题的，结果6个月的小宝在使用这个婴儿床时，不慎压塌了床板，宝宝从漏洞中掉下去，造成头和脖子多处擦伤。

一些父母可能会为了节约，给宝宝使用一些旧的婴儿用品。可是这些旧的玩具和婴儿用品，也可能会给宝宝带来危害：

旧用品可能已经有损坏或丢失的部分，也可能已经不符合近期的安全标准了。而且这些旧的婴儿用品往往已经没有包装，也就无法找到它的使用说明和安全介绍，所以使用时存在问题就会很多。

还有一些旧的婴儿用品，很可能会携带病毒、寄生虫、病菌等，小宝宝在使用了这些旧的物品后，很容易感染病菌，患上某种疾病，所以一定要慎用。

TIPS

使用旧婴儿用品的安全措施

如果打算给小宝宝使用旧的婴儿用品，那么，首先要注意卫生，尽量用开水烫洗，并要放在太阳下晾晒，有助于消毒。另外，要使用旧玩具、旧餐椅、旧家用秋千或其他二手婴儿用品前，要仔细检查它们是否有损伤或缺失的部分。注意它们所携带的带子、绳索、安全带等，不要长于18厘米。关注一些国家最新颁布的产品安全标准，拿到旧婴儿用品时，先一一核对。另外，出厂10年以上的金属或带油漆的玩具，可能会有一些有毒元素，不要给宝宝玩。

哪些用品二胎可以接着用

生完一胎，有些东西可以留着给二胎继续用，而有些东西是不可以的。从调查统计的情况来看，宝宝的衣物、婴儿床、婴儿推车等几种用品是二胎使用情况中最普遍的，尤其是婴儿衣服，宝妈们的推荐率高达99%。

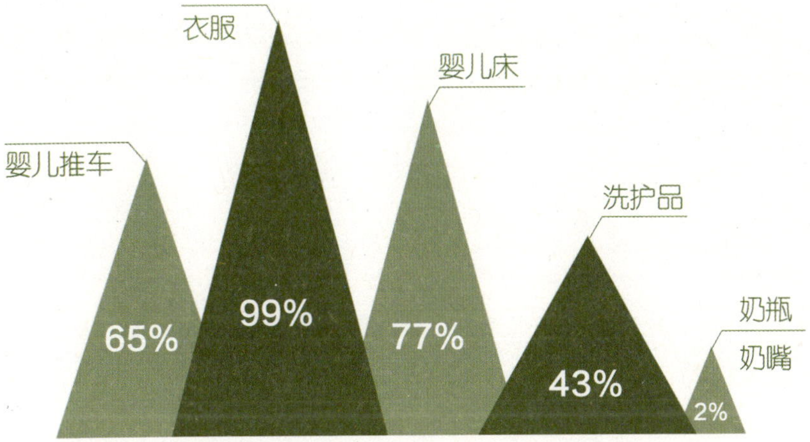

饮食类：哪些可以给二胎用

喂养宝宝，吃总是摆在第一位的，所以在购买众多的宝宝用品中，吃方面的消费永远是最多的，咱们要勤俭节约，自然也要从吃的方面开始下手。

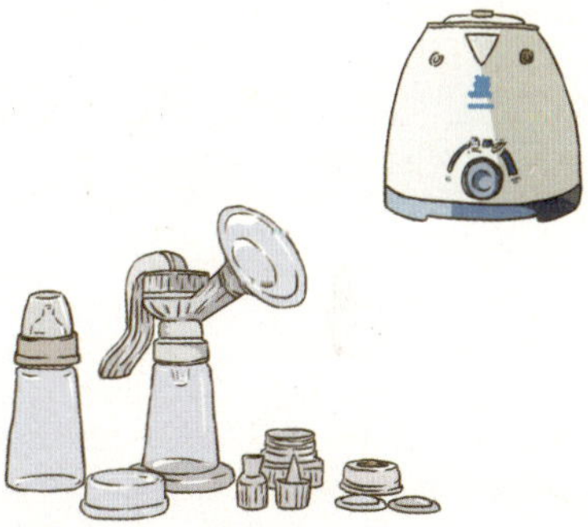

关于宝宝吃的用品，有入口的食物，如奶粉、营养品、辅食……还有吃的工具，像奶瓶奶嘴、吸奶器、宝宝餐具……这些东西如果可以二手利用的话可是能省下不少钱呢。

想知道哪些东西可以继续使用，哪些东西不可以继续使用吗？下面的表格能让你一目了然。

饮食类

二宝是否可以使用	用品	理由
是	温奶器	温奶器这种小家电不是入口的食物，只要还没坏，大宝二宝共用一个，既省钱又省空间
	调奶器	如同温奶器，调奶器只要功能还没受损，继续给二宝使用是再合适不过了，省钱又环保
	吸奶器	有些需要使用到吸奶器的妈妈，给大宝用完后清洗干净消毒好，存储得当，到了二宝出生时它还是像以前一样好用
	冲奶配件	像奶粉盒、保温瓶、奶温计这些方便冲奶的小工具，只要东西没坏，再次利用也无妨
否	奶瓶、奶嘴	奶瓶和奶嘴都是有一定保质期的，用旧了的奶瓶和奶嘴会出现老化、变质的情况，所以二宝出生后建议买新的奶瓶及奶嘴
	奶粉	奶粉都是分段数的，大宝留下来的适合二宝喝的奶粉想必也放了好一段时间了，还是买新鲜的好
	营养品	大宝跟二宝的健康情况不尽相同，大宝需要的营养品二宝不一定适合哦，补充营养还是要根据宝宝的自身情况来决定
	辅食	辅食的保质期一般不会太长，食物最好吃新鲜的，所以不建议将大宝吃剩的辅食囤下来给二宝继续吃

穿戴类：哪些可给二胎用

养个娃可不是喂他吃饱了就完事了，“穿”方面也是一个重大的消费点。宝宝皮肤娇嫩，穿的、戴的都要柔软、舒适、安全。价高质优的衣服固然好，但是再贵的衣服也许都还比不上大宝穿过的旧衣服来得舒服、安全。

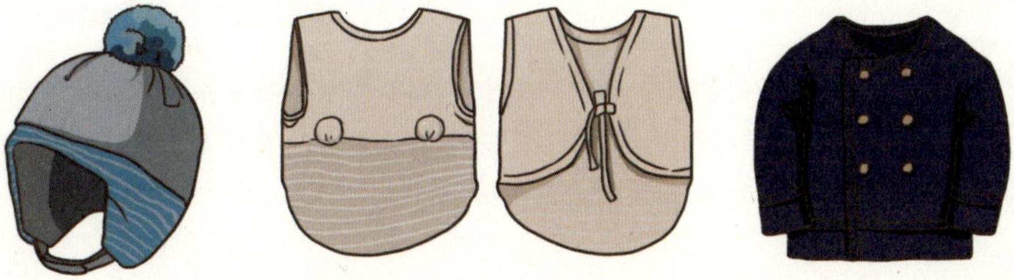

穿戴类

二胎是否可以使用	用品	理由
是	衣服	二手衣物经过长时间的穿着和多次洗涤，变得更柔软，更舒适，安全系数更高
是	帽子	宝宝帽子的利用率不是很高，所以大宝用过的小帽子一般都还很新，不影响二手利用
是	袜子	就像衣服一样，经过穿着和洗涤，不但不影响继续使用，还能够给宝宝更舒适的感受
是	围嘴	大宝用过的围嘴只要还没破，不会影响二宝的试用，不过麻麻们要记得先清洗消毒好哦
否	纸尿裤	大宝跟二宝有一定的年龄差距，大宝留下来的适合二宝用的纸尿裤想必也是有点历史了，纸尿裤久置(尤其是开了封的)不卫生
否	鞋子	每个宝宝走路姿势会有细微的差别，鞋子受力情况有所不同，二宝用大宝的鞋子容易受到大宝走路习惯的影响

日用类：哪些可给二胎用

除了吃和穿两大消费巨头，宝宝其他的生活用品也不少，像润肤霜、洗发沐浴露、护臀膏等洗护用品，浴盆、尿盆、毛巾等生活小日用品。这些东西似乎也不贵，但积少成多，买多了你会发现其实也是一笔不小的消费。

宝宝的日用品多而繁杂，不仅费钱还很占用空间。大宝二宝如果每人一份的话，估计家里大部分空间都要被这些宝宝用品给侵占了。日用品一般适用的年龄范围较大，使用的周期也比较长，如果两个宝宝的年龄差距不是很大，那么也许二宝出生时大宝还在用，那么这些东西能不能共用呢？下面的表格将会清晰的告诉你哪些宝宝用品可以大宝二宝共用，而哪些是不可以的。

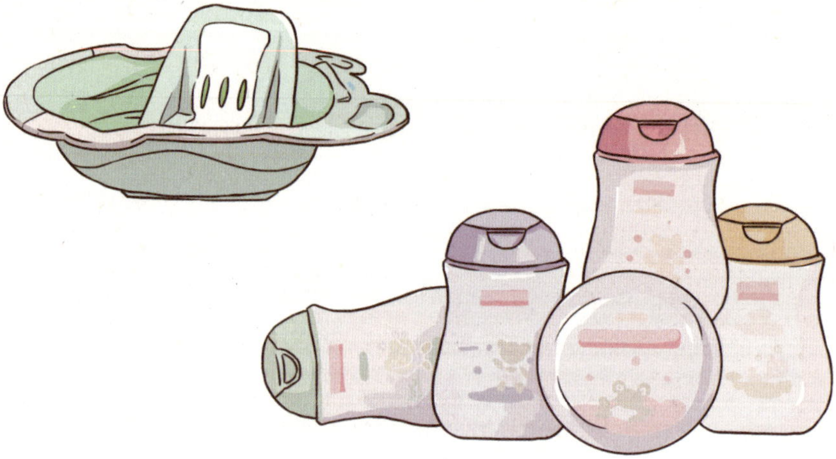

TIPS

年龄差距不大的两宝可以共用洗护用品

如果两个宝宝的年龄差距不大的话，洗护用品可以买两个宝宝都适用的产品，一起使用。但如果其中一个宝宝是敏感肤质或有皮肤疾病，那么洗护用品和洗浴用具最好分开使用，以免交叉感染。

日用类

二胎是否可以使用	用品	理由
是	浴盆	浴盆既费钱又占空间，实在没必要给两个宝宝买两个浴盆，如果大宝还需要用浴盆的话，两个宝宝共用一个就够了
	餐椅	餐椅平时使用率并不是很高，大宝用过的餐椅想必还是很新的，二宝继续使用是不受影响的
	安全用品	像防撞条、安全门卡、插座防护盖等安全用品，如果有备孕二胎的打算，那么这些安全用品就不必急着拆下来了
	温度计	体温计、水温计只要功能没有受损，能够准确测出温度，清洗干净后就可以继续给二宝使用
否	毛巾	大宝留下来的毛巾想必有点历史了，卫生可能不达标
	尿盆	使用过的尿盆有一定的细菌，尿盆价格也不高，宝妈们还是别省这个钱了，给二宝买个新的吧
	润肤霜	润肤霜的保质期一般长达2～3年，大宝用过的润肤霜如果长时间搁置，即使在保质期内，也可能已经受到了污染，不宜继续给二宝使用
	洗发沐浴液	与润肤霜类似，已开封的洗发沐浴露如果长时间放置容易受污染，不宜再用。如果是新买的，刚好大宝二宝都适用的话，可以共用一瓶

睡眠类：哪些可给二胎用

婴儿每天差不多有10个小时是在睡眠中度过的，优质的睡眠对宝宝的健康成长有重大作用。为了保证宝宝有个精致的睡眠，创造一个舒适的睡眠环境是必须的。于是宝宝还没出世，父母就早早挑好了一张可爱的小床，买好了一套温馨的床上用品，来迎接宝宝的降临。

这些东西虽然好用，但是很快你就会发现，当时花重金买下的婴儿床，宝宝睡没多久就成了一个摆设；当时买的很多小枕头、小被子，现在大宝已经不适用了。这些东西还很新，丢掉又舍不得，放着又占空间。如果二宝降临，那这些东西就又能派上用场了，既省钱又环保。

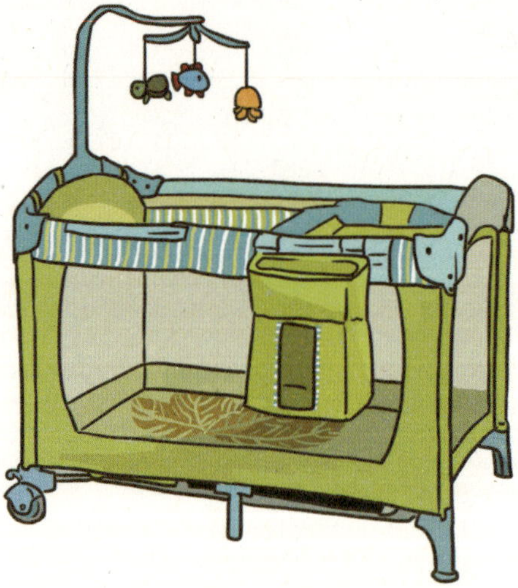

睡眠类

二胎是否可以使用	用品	理由
是	婴儿床	婴儿床一般都比较贵，大宝用完之后基本还是新的，二宝出世后刚好又能派上用场了
	隔尿垫	隔尿垫一般都比较耐用，大宝用过的隔尿垫只要做好清洁工作，二宝继续使用一点都不受影响
	婴儿抱被	婴儿抱被使用的概率并不高，所以二宝用大宝的抱被是可以的
	被子、枕头	有些被子枕头大宝已经不适用了，这些用品就可以留给二宝用，但是用之前妈妈们记得要彻底清洗干净
	婴儿睡袋	婴儿睡袋十分耐用，宝宝使用的周期也不长，所以大宝用过后还很新，不影响二宝继续使用
否	安抚奶嘴	安抚奶嘴与奶瓶奶嘴一样，放置久了容易老化，甚至会产生有害的化学物质，所以建议买新的

行、玩类：哪些可给二胎用

除了吃、喝、穿、睡等满足基本需求的宝宝用品，为了宝宝的身心健康，各种出行、玩耍的用品也是少不了的，像各种拉风的推车、各式新奇的玩具，这也是一个大的烧钱点，二手利用的话，可以省下不小的一笔。

行、玩类

二胎是否可以使用	用品	理由
是	婴儿推车	买一辆质量较好的婴儿推车，大宝用完可以二宝用，这样算起来性价比很高哦
	童车	市面上的儿童车五花八门，宝宝们喜新厌旧，大宝用完的儿童车给二宝用能让资源充分利用
	汽车安全座椅	如果大宝年龄大到不需要坐安全座椅了，那么二宝可以继续试用，如果大宝也需要，那么建议买两个
	各种塑料玩具	只要大宝的旧玩具还能讨二宝的欢心，就可以继续使用，不过妈妈们记得要先清洗消毒
	积木	积木的棱棱角角经过大宝的摸玩已经变得更加光滑，二宝使用起来安全系数会更高
	点读机	一台好的点读机花费不少，大宝用完没坏的话二宝可以继续用，不过妈妈们要注意内容的更新
否	婴儿背带	婴儿背带的承重能力是有限的，大宝用过的婴儿背带经历了磨损和老化。安全着想，二宝需要用的话不妨重新买
	毛绒公仔	大宝玩旧了的毛绒公仔可能在外观上已经不能讨二宝欢心了，再加上上面的细菌可能也累积到了一定程度，不建议重复利用
	图书	图书也是需要与时俱进的，如果大宝跟二宝年龄差距太大是不适合二手利用的。不过像一些经典的故事书还是可以继续使用

当然，二手利用虽然能省不少钱，但也不要以为二宝出生就什么都不用买了，不要忘了不同季节出生的宝宝需要的用品可能不大一样。比如大宝在夏天出生，二宝在冬天出生，那么衣服和床上用品就不适用了，省钱归省钱，该买的还是得买，可不能苦了咱们的二宝。

二、挑选适合孩子的双层床

城市住房空间紧张，双儿童房的可行性未必能像一房两床的可行性大。儿童房的空间有限，为解决此问题，双层儿童床将纳入很多父母的选择之中。那么，怎样挑选适合孩子的双层床呢？

怎么选择安全的双层床

双层床的尺寸应对照儿童房的空间大小

在房内天花板不高的情况下，建议选择高度略低的产品，第一个原因是让上铺的使用者有更大活动范围而不容易撞头，第二个原因在于若上铺的使用者不慎从上铺掉落，伤害也相对会减小。

双层床的材料有讲究

材料为木材的双层床应留意有无贯通的裂缝，该木材是否容易腐朽或被虫蛀，是否容易掉落木屑，还有支撑层（包括支架、挡板、床板）密度、厚度、不可塑性是否达标等。

若采用金属为主要材料，要留意该材料是否有防锈能力，连接、拐角处的焊接、固定是否牢靠，金属配件（如螺丝）被涂上防锈涂层或覆盖防撞零件是否更耐用与安全，另外还要留意涂料是否有刺鼻气味，或者有无容易硬化掉落的现象和可能。

合理的架构设计

上铺必须设有安全护栏。护栏的长度应该大于床架长度的三分之二。另外，护栏高度很容易被购买者忽视。很多家长会给孩子买厚床垫，在秋冬季节更是将床铺加厚。若护栏偏低，床铺与护栏的高度差过小，使用者就容易翻出护栏，根本起不到阻隔的作用，自然也就容易出意外。所以护栏的参考高度要先减去床垫厚度，剩下的才是起保护作用的“净高度”。鉴于儿童个子较小，护栏大面积的镂空设计也容易造成儿童堕床事故的发生，所以应该避免选取这种设计的双层床。

另外，去往上铺的梯子要有一定的稳定性，梯子的阶级与扶手最好带有防滑层，能更好地预防事故的发生。产品的边角拐弯处应采用圆角设计或配有防撞软胶。

TIPS

选择双层床的注意事项

- 将双层床放在屋子的角落，接触两面墙壁。这样做可以提供额外的支持并阻止两个可能坍塌的地方。
- 别让6岁以下的孩子睡在上层，他还不具备安全攀爬的协调能力及防止自己摔下的能力。
- 确保上层的床垫合适，不会划过床框的边缘。如果床框与墙壁之间有缝隙，孩子可能掉进缝隙并发生窒息。
- 有一架通往上层的梯子，保持夜间有光，以便孩子看见梯子。
- 在上层安装护栏，上层栏杆和护栏之间的距离不应该超过3.5英寸（8.9厘米）。上层床垫在承受他身体的压迫时，要保证孩子不会滚到栏杆下面。如果他的头陷在栏杆下方，可能发生窒息，因此必须使用厚床垫以防止发生意外。
- 检查上层床垫下的支撑。床垫下面应该是线条和条板，并固定在床两端的位置。仅仅由床框和不安全条板支持的床垫可能出现掉落的情况。
- 如果你将双层床分为两个单人床，应确信去除了所有的连接。
- 为防止孩子摔下和床倒塌，禁止孩子在任何一层蹦跳。

三、注意家居生活的“隐形杀手”

为人父母都希望自己的宝宝能健康、快乐地成长。而为这美好心愿“保驾护航”的便是宝宝每走一步都不能少的“安全”。

家是一个温馨、舒适的地方，然而对于探索欲极强的宝宝来说，家也是一个“危机四伏”的地方，随处潜伏着不容忽视的“隐形杀手”，因此父母要细致入微地为宝宝营造一个安全舒适的居家环境。

小瓶子大危害

很多父母经常在卫生间放许多用于消毒和清洁的瓶瓶罐罐，这些东西一定要放在孩子碰不到的地方，更不要为了环保而把清洁剂、消毒水等放进饮料瓶中。一方面孩子的好奇心强，可能会误食；另一方面比如洁厕灵和消毒液两者混合会产生一种有毒气体——氯气，短期内吸入大量氯气会导致呼吸系统疾病的发生。

狭小空间隐患大

儿童好动、身体小，有时候喜欢钻进一些狭小的空间，而对身体造成伤害，比如衣柜的缝隙，尽量不要给孩子进入狭小空间的机会。

安全使用餐具

儿童应该尽量选用儿童餐椅，在进餐时使用配套的儿童餐厅刀叉，避免使用筷子和刀叉，父母在儿童进餐时应相伴左右，避免在用餐时发生意外。

室内植物的选择需谨慎

有些植物适合在室内养植，而有些植物却会对身体造成伤害。特别是家中有新生儿，儿童皮肤娇嫩很容易被植物的尖刺所伤，而且花粉也有可能引起过敏性疾病的发生。

孩子的玩具勤检查

现在很多孩子大大小小的玩具有一大堆，家长们要注意，玩具也有潜在的危险。比如有些大型电动玩具，父母要及时检查零件是否完好，有无松动的现象；还有些毛绒类玩具要定期清洁等。

现在市面上有很多关于儿童安全的绘本故事，父母可以通过给孩子讲故事的方法，和孩子一起学习安全知识，既培养了孩子喜欢阅读的好习惯，又获得了安全知识，一举两得。

TIPS

家里的隐形危险

大人们总以为把小孩关在家里没有危险，可是家里有很多隐性的危险因素，一不注意就会给孩子带来致命的危险。家长平时要仔细地巡视一下周围，让小孩远离这些危险之地，保证孩子的居家安全。

- **楼梯**：现在住家中有楼梯的家庭越来越多，有时一不注意，宝宝就摸爬到楼梯上，很容易滚落下来，因此最好在楼梯处装上安全栏杆，防止小婴儿攀爬。
- **床铺、沙发椅**：快速成长的婴儿，不知何时已经学会了翻身。如果让孩子在沙发或床上睡觉，记得一定不要只留下孩子单独一人。婴儿最安全的睡觉场所应该是装好围栏的婴儿床。
- **玄关**：家中设置有玄关的父母要特别注意爱爬的宝宝，有时孩子会从那一格小小的楼梯上摔下而撞到头部，因此最好用围栏挡住，让孩子无法进入，或是在穿鞋处铺上松软的厚垫来做好安全防护措施。
- **插座**：如果把手指或物品插入插座，就有触电或造成电线短路的危险。现在市面上有卖安全插座和插座挡板，有小宝宝的家庭可考虑更换。

家中的危险品

地点	物品
厨房及杂物间	覆盖插座以防触电；箱子封好放在不易触及的地方；塑料袋、清扫工具、刀具等物品储存在锁着的、不易接触的地方，避免发生意外；把有缝隙的地方填上，不要让孩子夹在缝隙里；水壶的手柄放向一边或靠后防止烫伤孩子；熨斗及烫衣板要收起来以防烫伤；猫食或是宠物食品放在孩子接触不到的地方，避免孩子误食造成窒息或中毒；烘干机的门要关上，防止孩子困在里面
卧室	角落的绳索要短，不要缠住孩子；小床不要靠近窗户防止孩子跌落；覆盖插座以防触电
客厅	花瓶、装饰物、台灯、植物放在安全位置；蜡烛、打火机、香烟、火柴放在不易找到的地方，以防火灾或是烧伤；家具不要摆放在窗边，孩子可能会爬上去造成摔伤；线要放在罐子里，避免绊倒孩子；覆盖插座以防触电；硬币放在孩子难以够到的地方，防止孩子误吞窒息
浴室	储藏箱带有盖子，要放在孩子够不到的位置；剃须刀、洗涤剂、头发定型剂之类的化妆品放在柜子里，防止伤害到孩子或是引起中毒；浴室的门要关闭；马桶盖放下来防止孩子溺水；插座要覆盖，吹风机收好，防止触电

当然可能你的家中还有一些别的危险性物品需要注意，如：楼梯或是敞开式壁炉等。爸爸妈妈需要对家里特殊的陈设加以判断并进行处理。

TIPS

家中常见有毒物品要放好

如：消毒块、消毒液和消毒粉、除锈剂、烘炉洗涤剂、除漆剂、氨水、除渍剂、漂白剂、胶水、洁厕剂、杀菌剂、外用酒精、杀虫剂、除草剂、维生素、处方药和非处方药、防冻剂。

四、行车安全：一定要装儿童安全座椅

很多父母对自己的开车技术有盲目的自信，总觉得自己开车稳不会出事——可是退一万步想，就算你真的开车稳当，也难保不会碰上天灾人祸，在你自己都没法保证自己生命安全的前提下，如何有力地去保护比你脆弱一百倍的孩子？

行车过程中遭受猛烈冲击（或者急刹车）时，无论大人的双手多么有力，都没法抱紧孩子，孩子们会飞快地被抛离出大人的怀抱，撞向汽车后椅甚至是挡风玻璃。

目前汽车的安全设施都是为成年人设计的，安全带、安全气囊，符合的都是成年人身体机能和结构，不能保护孩子，如果发生猛烈的事故，就会给孩子带来伤害。

当然，装上儿童安全座椅也并不等于穿上了“金钟罩”“铁布衫”，行车安全还是第一位的。不过在同样的情境下，儿童安全座椅还是能为孩子们加上一道安全防护网。

未满15个月的孩子要用摇篮式安全座椅

很多没有经验的爸爸妈妈在购买儿童安全座椅的时候，更注重产品的品牌和价格，而忽视了型号和规格。其实应该注意的是：如果你的孩子还未满15个月，一定不能给他使用普通常见的靠背式儿童安全座椅，而应该使用摇篮式的儿童安全座椅。

因为未满15个月的宝宝脊椎还没有长好，没有足够的支撑力，宝宝连坐都坐不稳，还把他放在安全座椅上，安全座椅又是固定的，宝宝就会被迫坐着，此时他的脊椎是支持不住身体和头的。如果来个急刹车，宝宝的脖子连脑袋的重量都承受不了，后果想想都可怕。

但是根据绝对的年龄大小来选择儿童安全座椅的型号也不是完全靠谱，每个孩子的成长速度不一样，最好还结合孩子的身高体重来综合判断。

选择儿童安全座椅还要注意什么

看材质和工艺

全椅身采用注塑工艺，高压一次成型，内置金刚力支架结构，再用加强筋进行补强设计，椅背使用钢架结构，抵抗高强度的冲击力，安全更有保障；同时底座的弧形过渡设计、平滑设计和凹拱设计要确保对汽车座椅无损伤。

看3C标志

现在我们国家儿童安全座椅已经要求强制认证，所以3C标志是检验儿童安全座椅合不合格最基本的标准。但可能还有一些地方不太完善，建议在选择时看一下座椅上有没有ECE的认证标志，ECE是欧洲的认证标准，比3C更严格。

看固定方式

在选择儿童座椅的时候，一定要注意固定的方式，看是否跟自己的车型匹配，防止安装错误，最大限度地给孩子提供最优的安全保障。

看价格

一款普通欧标儿童安全座椅的塑料和布料成本可能都不低于300元，加上生产成本、人工成本、物流成本等，合格的安全座椅售价200~300元是不可能的。因此不要选购价格在500元以下的安全座椅。

选择儿童安全座椅的其他注意事项

宝宝如果不乐意坐怎么办

有些宝宝不喜欢坐安全座椅，排除座椅的设计问题和面料因素，最大的可能性就是因为宝宝不喜欢被座椅束缚着。但是有些时候不束缚着就意味着有危险，就像刺激的游乐项目没有安全措施一样。刚开始，父母可以将安全座椅放在家里或车子的座椅上，让宝宝坐上去，然后拿点玩具和吃的分散他的注意力。切忌用急刹车或者急转弯等方式来刺激宝宝。

适度给宝宝休息

小于4岁的宝宝，行车超过1~2个小时就稍微停下，让宝宝离开安全座椅大概5~10分钟，让他透透气。大于4岁的宝宝，可以超过2个小时之后再休息，但是在宝宝觉得不适时，还是要去透透气，切勿长途跋涉，否则宝宝的屁股受不了，如果路面有颠簸的情况则更要注意。

宝宝如果在座椅上嘘嘘或者拉臭臭怎么办?

可以购买可拆洗座椅套的安全座椅，并随车携带尿布，尿片，湿纸巾等清洁工具。

安全座椅需要更新换代

任何日常用品都会有磨损，安全座椅也不例外。建议三年更换一次安全座椅，毕竟内部老化和零件松动很难预防。

售前、售后服务和保修很重要

选择安全座椅最好到专业的商城去，那里品牌多、型号多，可以横向、纵向对比，对宝宝有好处。

正确安装很重要

只有正确安装，才能保障安全性。安全座椅一定要放置在驾驶座后面，副驾驶座是不允许的。宝宝坐上安全座椅，固定的时候一定要拉紧安全带！切记！切记！

千万不要购买二手座椅

如果不是很亲近的人，你都不能保障这个座椅之前发生过什么，是否有安全隐患。为了安全，为了放心，千万不要贪小失大。

TIPS

千万别把孩子单独留在车上

长时间把孩子闷在车里很危险，那要是开点窗户透气、去去就回呢？这样的侥幸心理也不能有。

实验证明，车内升温速度相当快、温度上升十分显著，即使是在外界环境没那么热，或者车窗留下缝隙时，情况也同样不容乐观。能接收阳光的车玻璃面积很大，而车窗能散发的热量却很少，车辆停下来后空气对流也很差，车内温度快速上升也是难免的，我们自己可能也有这样的经验，车辆在开动的时候不觉得热，但一停下来就很快闷热了。

2005年刊登在《儿科学》上的一项研究在不同气温的晴天下分别测量了一辆深色轿车停车一小时内的温度变化。结果发现，即使是在外界气温22℃、让人感觉凉爽的日子，车内温度依然可以上升到47℃。并且，即使给车窗留下3.8厘米（1.5英寸）的缝隙，也不能显著降低升温速度。

在另外一项实验中，人们在34℃的气温环境中将两辆车进行了对比：一辆蓝黑色车关上车窗，一辆浅灰色车开着车窗。结果，从升温曲线上看，开着窗缝的浅灰色车内温度仅仅是稍低了一点，总体升温速度和上升幅度都与不开窗的深色车相差无几。只需要20分钟，两辆车内的温度都超过了52℃。

那是不是在凉爽的天气就安全呢？事实上，在外面感觉舒适凉快的时候同样不能掉以轻心。哪怕是在这样的气温下，车辆在室外停留一个小时，车内的温度都可以达到46度。

而且，即使是负责任、关心孩子的家长，也难保从来不出差错。本来可能只是想着下车买点东西、办点事就回来，但谁能百分之百保证不会忘记了孩子还在车上呢？那些在车上被活活热死的孩子们，绝大多数都不是故意被关在里面的，而是因为大人们的记忆出现了差错。

五、对孩子的交通安全教育要从小做起

睿儿总是对路上行进的汽车充满兴趣。最初睿妈总是一把将之抱离，又经过一番耐心教导，睿儿总算老实了一点，不那么急迫的冲向马路了。但这并不能完全制止小人儿对马路的喜爱和渴望，这使得睿妈非常头疼。但又不想因此不让睿儿接触外界，而仅让他在小区的范围内玩耍。

一位德国父亲晚上开车带着5岁的儿子回家。走到一个十字路口的时候，正好红灯亮了，这位父亲慢慢地将车停了下来，等待绿灯亮起。

这时候，路上的行人和车辆都很少，这个十字路口也根本就没有行人和车辆，只有两三辆车和他们一样等绿灯。

5岁的儿子就对爸爸说："爸爸，路上又没有人，我们开过去吧。"

可爸爸却认真地对孩子说："虽然现在没有人，但是现在是红灯，是不能过的，这是最起码的交通规则，是每个人都要遵守的。你看，对面的那几辆汽车也和我们一样在等绿灯亮。"

然后，爸爸又给儿子讲起了交通规则。

直到绿灯亮起，爸爸才将车起动。

国内的许多父母往往无视对孩子的交通教育，不管红灯绿灯，他都可以畅通无阻。并且还常常在孩子面前引以为自豪，更不要提对孩子的交通规则教育了。

而在西方国家，大多数父母往往以身作则，让孩子从小树立遵守交通规则的意识。有时候即使是在无人的十字路口，只要红灯亮起，他们也会等到绿灯亮了才走。

调查显示，在儿童交通事故中，大多数儿童都是在家附近玩耍时被汽车撞到的。他们总是趋向于在街区道路上跑动，或是在停车区玩耍，而那些地方通常是司机疏于防范的，再加上儿童身形矮小，司机很可能看不到他们。

由于儿童的生理发育不成熟、视野狭小（只有成人的1/3）、注意力不集中、缺乏判断力，致使交通意外成为威胁儿童安全的“第一杀手”。为了让孩子远离可怕的交通事故，防患于未然，对孩子的交通安全教育要从小开始，父母自身也应树立良好的榜样，以身作则。

怎么对孩子进行安全教育

和孩子一起确认街道是否安全

带着您的孩子在家附近的街道走一走，看看路上的交通条件，告诉孩子哪些地方安全，哪些地方要避开。

让孩子养成安全过马路的习惯

告诉孩子该如何过马路，并把安全过马路的方法做给他们看，孩子会跟着大人的样子学。

父母要告诉孩子的交通安全原则

绿灯不一定可以随意过马路

红灯情况下，右转车道无单独信号灯指示车辆可以右转。父母要跟小朋友解释清楚，人行道绿灯不一定就是安全的，也需要确认安全，小心通过。

不要在马路上追逐

告诉孩子，任何物品都是可以买的，而生命是不可再得的。如果东西掉在马路上，宁肯不要了也不要立即去追；也不要跟小伙伴在马路上追逐、玩耍。

车辆是有盲区的

告诉孩子，车上的司机叔叔有时候顾不上观察车辆所有的角落，要是出现在车辆周围，很容易被碰伤。

车不只是往前开的

车启动的时候，尤其是手动档车，有时会有向后的趋势，这很容易造成车辆后退。所以要教导孩子尽量从车前经过比较好。

六、避免宠物伤害

很多家庭会养一些小宠物，作为孩子的小伙伴，希望能够同时培养孩子的爱心。但是这些小宠物会因为无意的伤害，如咬伤、抓伤等，而给孩子带来一些危险，尤其是小宠物身上携带的一些病毒、寄生虫等对孩子的危害也很大。而孩子自护能力弱，抵抗力弱，所以家里如果养小宠物，很可能会伤害到小宝宝，有时甚至会造成严重后果。

避免宠物伤害

要避免宠物给宝宝造成伤害，最好的办法就是家里不要养宠物，尤其是从孕妇怀孕前3个月开始就不要养，并且宠物的窝居、用具等要清理出去，房子可进行适当的物理消毒，还要注意通风、日晒等处理。

如果非要在家养宠物，一定要给宠物注射防疫疫苗，并做好卫生工作，必要时可将其关在笼子里，或采用其他办法与孕妇和小婴儿隔离。平常如果有宠物在场，大人一定要做好监护，避免小宝宝被宠物抓伤、咬伤或受到其他伤害。

孩子一旦被小宠物咬伤或抓伤，应立即到医疗和防疫部门进行检查、治疗，不可自行解决，如果觉得无所谓而耽误了治疗的最佳时机，会带来难以估量的后果。

被宠物伤害的应急办法

最快速度冲洗

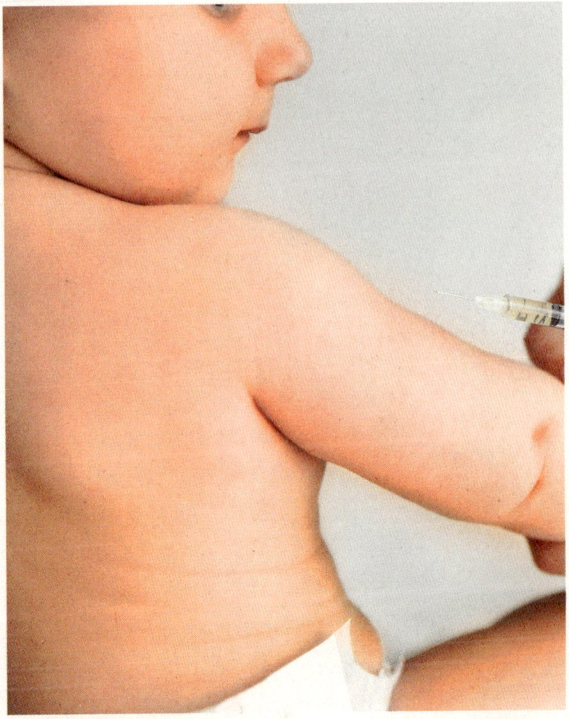

冲洗前应先挤压伤口，挤出带毒液的污血，但绝不能用嘴去吸伤口处的污血，然后用大量的清水(10 000毫升以上)清洗伤口。因为狗、猫咬的伤口往往外口小，里面深，所以必须掰开伤口，让其充分暴露，以冲洗完全。如伤口较深，冲洗时可用干净的牙刷、纱布和浓肥皂水反复刷洗伤口，并及时用清水冲洗，刷洗至少要持续30分钟。冲洗后要用干净的纱布盖上伤口。

越早处理伤口越好，最好在2个小时内进行。但即使延迟了一两天甚至三四天，也不应该忽视局部处理。如果此时伤口已结痂，应将结痂去掉后按上述方法进行处理。冲洗时，用20%的肥皂水彻底清洗伤口，再用清水洗净，然后用安尔碘或用高浓度的医用酒精局部消毒。处理好的局部伤口不需包扎，也不能涂软膏。

尽快注射狂犬疫苗

被动物咬伤后应尽早注射狂犬疫苗，越早越好。首次注射疫苗的最佳时间是被咬伤后的48小时内。具体注射时间是：分别于当天、第3天、第7天、第14天、第30天各肌肉注射1支疫苗，如因诸多因素未能及时注射疫苗，应本着“早注射比迟注射好，迟注射比不注射好”的原则使用狂犬疫苗。

附录

一、适合孩子们阅读的好书

书名	作者	出版社	简介
《窗边的小豆豆》	【日本】黑柳彻子	南海出版公司	超级畅销书。基本可以改变家长的教育观念，每一个孩子都是天使般的存在。注：可参照电影《地球上的星星》《死亡诗社》
《我的野生动物朋友》	【法】蒂皮·德格雷	云南教育出版社	超级畅销书，图多，有130幅，作者的父母是摄影师，照片拍得好看。作者是法国小女孩蒂皮，1990年出生于非洲纳米比亚，从小跟拍摄野生动物的父母在丛林长大。这本书是蒂皮10岁回到巴黎所写的。相信看完这本书，小朋友会很羡慕小蒂皮的
《小时候》	桑格格	新星出版社	桑格格从24岁（2003年）开始在网上写从0岁到成年的零散记忆。看似零散的没有中心主题的文字，也构成了一部个人成长史，让很多人有共鸣
《城南旧事》	林海音	同心出版社	已故女作家林海音的自传体小说，以其7岁到13岁的生活为背景，初版于1960年的台湾，其中的章节选入教科书。如果现今的学生对旧时代的生活隔膜比较大，有可能看不进去，可以看改编的绘本

书名	作者	出版社	简介
《阁楼上的光》	【美】谢尔·希尔弗斯坦	南海出版社	谢尔大叔1981年创作的这本图文童谣集，充满了天马行空的顽皮想象，成为美国最有影响的童书之一
《安房直子幻想小说系列》	【日】安房直子	少年儿童出版社	安房直子的故事很富有东方色彩，意境优美，文笔也很美。她一生远离尘嚣，在遥远而安静的山间创作唯美的童话，1993年因一场感冒去世。如果小学生除了安徒生和格林的作品，再也没有读到什么吸引人的童话，强烈推荐这套书，尤其适合小女孩阅读
《月亮忘记了》	几米	海豚出版社	这是几米早期的书，适合各年级的小学生看
《夜莺与玫瑰》	【英】王尔德	外语教学与研究出版社	一直觉得王尔德就是夜莺王子，以一种滴血的哀鸣姿态在创作童话。他一生创作的童话不多，共九篇
《视觉之旅》	【美】西奥多·格雷	人民邮电出版社	小孩子看完这本书，就能把化学元素讲得头头是道了。书里的图片很多，又专业，又有趣，又好看
《爸爸的画》	丰子恺 绘 丰陈宝、丰一吟著	华东师范大学出版社	丰子恺作为中国漫画第一人，“漫画”这个词就是丰子恺第一次发表的时候所用的，他的漫画都是手笔画，旁边配些繁体字的诗文，特别清雅好看。丰子恺先生虽然出生于旧家庭，但一点也不古板，特别温和可亲，特别欣赏和保护孩子们的天性。丰子恺的子女写的《爸爸的画》，有文有图，告诉读者丰子恺先生的重要画作是怎么画出来的

书名	作者	出版社	简介
《撒哈拉的故事》	三毛	北京十月文艺出版社	这本书记录了三毛婚后定居西撒哈拉沙漠的生活，是她所有作品中较为轻松好看、读起来也不吃力的一部，也是影响最大的一部，适合小学高年级的学生阅读
《最西游作文》	袁艳	人民邮电出版社	这本书是讲"西游"师徒四人让孩子学作文的，读过的人，差点都"笑破肚皮"
《向着明亮那方》	【日】金子美玲	新星出版社	金子美玲有着传奇的一生，短短一生写下了500多首诗歌，被大量传播，并选入日本的小学课本。对于没有读到过真正好的"儿童诗"的学生来说，可以买下来慢慢看
《夏洛的网》	【美】怀特	上海译文出版社	《夏洛的网》是一再被推荐的儿童文学作品，位居"美国十佳儿童文学名著"中的首位，故事好看，温暖催泪，有改编的电影，值得一看
《窥视印度》	【日】妹尾河童	生活.读书.新知三联书店	妹尾河童本是舞台设计师，他特别精细地画他"窥视"到的东西，像一个孩童一样好奇，语言轻松好玩，心态很可爱，专业技能也很可敬。他到了异邦，看到什么都觉得有趣，但又不是走马观花的那种，看看他是怎么发现，怎么记录的吧
《汤姆历险记》	【美】马克·吐温	作家出版社	这本书是美国幽默大师马克·吐温专为儿童写的小说。汤姆是典型的美国小孩，讨厌啰嗦，讨厌教条和书本，喜欢冒险……他遇到很多事情，最后获得了宝藏。此书常被推荐，适合小学高年级学生阅读，尤其是男生

书名	作者	出版社	简介
《三毛流浪记》	张乐平	译林出版社	这本漫画影响了好几代人，曾经以为现在的小孩不喜欢看苦兮兮的故事，其实不是这样的。虽说买得起书的孩子不至于是流浪儿，但对孤苦无助者的同情，不管是在哪个时代都是有共鸣的
《麦兜.微小小说》	谢立文 编著 麦家碧 插画	接力出版社	麦兜和麦唛这两个快乐的小猪，是香港一对夫妇创造的形象，两个小猪虽然笨笨的，但却有很多普通的梦想，遇到失败，也能自嘲和自我解脱。这个系列有漫画和动画电影，可以为孩子们提供喜羊羊之外的选择
《绝对小孩》	朱德庸	现代出版社有限公司	几个绝对的小孩，谈吐绝对犀利，让人一边笑，一边流汗。朱德庸是台湾著名的漫画家，作品很多，这本书是全图，文字部分都是对话，适合小学各年级孩子
《傻瓜城的故事及其他》	【美】辛格	上海译文出版社	原名《给孩子们的故事》，作者是诺贝尔文学奖得主，此书是专门为小孩子写的，几乎收录了所有辛格为孩子们创作的故事，故事大多是正能量的，适合小学高年级孩子读
《男孩的冒险书》	【英】依古尔登兄弟	广西科学技术出版社	如果这本书上的男孩子长大，那他一定是非常有魅力的，像007一样，万能而优雅。这本书图文并茂，很好看，而且书里也不完全是讲怎么培养肌肉的，也有识星象等基本生存知识，适合小学高年级男生看
《没有画的画册》	【丹】安徒生	新疆青少年出版社	这本《没有画的画册》由33个短篇故事组成，文字很优美，也很有哲理。安徒生最初并没有把它看做是“给孩子讲的童话”，直到晚年，这本才被收入童话系列中

二、儿童药箱清单

宝宝在家遇到身体不适或意外受伤时，适当的急救措施及居家护理很重要。因此家里应该放置一个急救箱，以备不时之需。

急救箱物品清单

物品名称	用途
镊子	夹取敷料、棉球，或钳去伤口上的污物等，也可以取出耳朵里的异物和扎进皮肤的小刺
圆头剪刀	剪开胶带、纱布和绷带，也可用来剪开衣物
棉花棒	准备粗细两种棉花棒，以应付不同需求。可用来掏耳朵、取出进入眼睛的异物，还可以在宝宝便秘需要通便的时候使用
小手电筒	检查宝宝的口腔、耳朵、喉咙或皮肤状况。小虫子不小心飞进耳朵时，只要用手电筒照一下，它就会朝着光源飞出来。也可以用手机下载手电筒APP的功能，非常方便
创可贴	处理覆盖小伤口，可以准备几种大小不同的类型。（宝宝用有卡通图案的创可贴，可以增加不怕痛的勇气！）
透气胶布	宝宝受伤或流血时，可以用来固定纱布或绷带
消毒纱布	用于消毒和保护伤口。平时可把纱布放在盒子或袋子里，以免弄脏或沾染灰尘
绷带	固定纱布和包扎伤口，可多准备几种宽度不同的类型，依实际状况来使用
酒精棉	急救前用来消毒双手或镊子等工具
喂药匙	宝宝喂药时使用。如果没有喂药匙，也可以用滴管式喂药器或小量杯代替
体温计	对于宝宝而言，耳温枪特别适用，使用后要擦干净，保持清洁
口罩	家人感冒的时候佩戴，预防交叉感染

宝宝急救箱基本药品

物品名称	用途
生理盐水	用来冲洗伤口。紧急时如果刚好没有的话，可用煮沸过的冷开水取代
碘伏	被广泛使用的碘伏消毒效果不错，对细菌、霉菌等都有效
消炎药膏	涂抹后可防止伤口发炎感染
薄荷软膏	一般蚊虫咬伤用
婴儿润肤油	用来保护宝宝细嫩的皮肤，避免过于干燥。在帮宝宝通便或取出耳内异物时，用棉花棒蘸一点润肤油擦拭，比较不会伤害到皮肤（也可以用橄榄油、凡士林代替）
退热药	由医院所开的小儿退热药，如退热栓等，需要放进冰箱保存
胀气膏	涂抹于肚皮上，再透过轻轻按摩的方式，舒缓宝宝因胀气而造成的不适感
日常用药	如果碰到需要长期治疗的疾病，例如支气管哮喘等，或者在紧急情况下必须要服用的药品，应列入家中常备用药清单中

TIPS

整理急救箱的小方法

急救箱内容物需贴上清楚的标签、简易的用途说明，并注意有效期限，每2~3个月要检查一次急救箱，确认是否有物品已经过期或用完，可以随即补充更换。

- 急救箱置于安全干燥的高处，避免阳光直接暴晒；最好放在宝宝拿不到的地方，以防宝宝拿来玩耍。
- 最好不要用空饼干盒或食品罐来当急救箱，以防幼儿误食。
- 急救箱应该放置在全家人都知道的固定地方。
- 急救箱内每样物品有固定位置，排列整齐，以便紧急使用时，不会因手忙脚乱而找不到东西。

三、孩子紧急情况的处理方法

生活中，宝宝可能会经常遇到一些小麻烦：被刺扎了，被划伤了，还有热水、电等各种各样的触碰危险，意外防不胜防。家长如果学会一些应急的小方法，就不会在突发状况发生时束手无策了。

鱼刺卡喉

正确的急救方法

（1）如用肉眼能观察到鱼刺卡住的部位，可用镊子将鱼刺夹出。如果位置较深不易夹出，尽快带宝宝去医院请医生处理。

（2）如果看不见鱼刺，但是孩子出现吞咽困难及疼痛，需立即就医。

（3）孩子被鱼刺卡住可能会出现呕吐现象，需将孩子的头偏向一侧，呕吐完之后，将孩子的口腔擦拭干净。

孩子被鱼刺卡住可能会出现呕吐现象，这时需将孩子的头偏向一侧，呕吐完之后，将口腔擦拭干净。

割伤擦伤

正确的急救方法

（1）出血量不大，可压迫伤口止血；出血量大，及时到医院进行止血处理。

（2）创面浅、面积小的擦伤，可用生理盐水洗净伤口，安尔碘消毒，无菌纱布包扎。

（3）创口如有异物需清理干净，进行消毒。

（4）如创口较小，消毒后可用创可贴贴合；如创口较大，应及时止血并到医院缝合伤口。

小儿骨折

正确的急救方法

（1）受伤后应就地休息，不要立刻按压受伤部位，减少活动，避免损伤加重。

（2）受伤后，应使用急救包、骨折夹板、绷带对受伤肢体进行固定。

（3）30%的儿童骨折存在骨头生长板的损伤，不及时处理或者处理不当会导致生长障碍。

建议：儿童骨折后应尽量选择有儿童骨科专科的医院就诊。

小儿脱臼

正确的急救方法

（1）家长不要轻易尝试给孩子进行复位，如果手法不正确，会导致损伤的进一步加重。

（2）适当地使用硬纸板与衣服或者绷带固定受伤肢体，避免孩子进一步运动造成出血增加、肿胀加重。

（3）及时到医院诊断并治疗。

小儿触电

正确的急救方法

（1）首先断电，用绝缘物体把电源和小孩分开或直接关闭总电闸。

（2）将孩子平放在地板上，观察是否有心跳和呼吸。

（3）及时拨打急救电话，等待救援。

误食药物

正确的急救方法

（1）催吐：用手指抠孩子的咽喉部，使孩子吐出药物。

（2）饮用大量清水，使孩子吐出药物。

食物中毒

正确的急救方法

（1）催吐是食物中毒最主要的紧急处理办法。进食后的4~6小时内是进行催吐、洗胃的最佳时间。

（2）不主张对婴儿、昏迷者进行催吐。对年纪大的孩子，在清醒的情况可进行催吐，用手指刺激孩子的咽后壁，使胃内残留的食物尽快排出，防止毒素的进一步吸收。

（3）催吐时保持前倾位，防止误吸及堵住气管造成窒息。

（4）催吐后应立即就医，医生会根据不同的中毒情况进行针对治疗。

煤气中毒

正确的急救方法

（1）立即关闭煤气总开关，打开门窗通风。

（2）煤气中毒后，孩子在呕吐时可能发生误吸（即再次将煤气吸入），造成二次伤害，应立即将孩子侧卧，防止误吸。

（3）如发现孩子呼吸、心跳停止，立即拖离现场进行胸外心脏按压及人工呼吸。

溺水

正确的急救方法

（1）心肺复苏。拨打急救电话，在急救车到来之前，必须为没有心跳呼吸的儿童进行持续的心肺复苏。

（2）保持观察。儿童溺水之后，如果当时的心跳、呼吸没有停止，但儿童还是出现窒息的情况，可能在短期内出现慢慢的呼吸增快，以及肺水肿，这时一定要把小孩子送到医院观察处理，观察其生命体征，包括心率、呼吸及氧合的情况。

四、孩子疫苗接种时间表

婴幼儿正处于生长变化最快也是最脆弱的时期，所以应定期做身体健康检查，并定期接种各类疫苗，这是宝宝健康成长过程中必不可少的。

宝宝须定期体检

检查内容	检查目的
生长发育指标	及时了解儿童生长发育和营养状况是否符合正常指标，并根据这些指标进行生长发育、营养状况的评定
体格发育	及时发现儿童体格发育的异常，及时查明原因，进行矫正或治疗
微量元素检测	有助于诊断和治疗缺铁性贫血，以及缺锌、缺钙、缺铜、缺镁等所致的各种病症，如食欲不振、少白头、佝偻病和注意力不集中等
全身系统检查	及时发现儿童的生理缺陷和某些疾病，及时进行矫治，如弱视、听力低下、语言不清和“口吃”等；及早发现某些先天性、遗传性疾病，如佝偻病、贫血、营养不良等；及时发现智力缺陷，查明原因，给予对症治疗与干预
喂养护理问题	儿童保健医师可发现父母在喂养、护理婴儿等方面存在的问题，并及时给予个性化的指导，如怎样添加辅食、何时断奶、如何开展早教等
预防“成人病”	很多成人病，如肥胖症、高脂血症、冠心病等，其实都始于儿童期，如果从小孩时就开始注意预防，可大大降低成年后的发病率

TIPS

- 一般正常情况下，6个月以内的婴儿应每月体检1次；6个月至1岁的每2个月体检1次；1~3岁幼儿每半年体检1次；3~18岁每年体检1次。
- 有出生高危因素的婴儿，6个月以内应每月体检1次；6个月至1岁的每2个月1次；1~1.5岁的每3个月体检1次；1.5~2岁的每半年检查1次。

疫苗接种

计划内疫苗（一类疫苗）

接种时间	接种疫苗	次数	可预防的传染病
出生时	乙肝疫苗	第一次	乙型病毒性肝炎
	卡介苗	第一次	结核病
1月龄	乙肝疫苗	第二次	乙型病毒性肝炎
2月龄	脊灰疫苗	第一次	脊髓灰质炎（小儿麻痹）
3月龄	脊灰疫苗	第二次	脊髓灰质炎（小儿麻痹）
	无细胞百白破疫苗	第一次	百日咳、白喉、破伤风
4月龄	脊灰疫苗	第三次	脊髓灰质炎（小儿麻痹）
	无细胞百白破疫苗	第二次	百日咳、白喉、破伤风
5月龄	无细胞百白破疫苗	第三次	百日咳、白喉、破伤风
6月龄	乙肝疫苗	第三次	乙型病毒性肝炎
	流脑疫苗	第一次	流行性脑脊髓膜炎
8月龄	麻疹疫苗	第一次	麻疹
9月龄	流脑疫苗	第二次	流行性脑脊髓膜炎
1岁	乙脑减毒疫苗	第一次	流行性乙型脑炎
	甲肝疫苗	第一次	甲型病毒性肝炎
1.5岁	甲肝疫苗	第二次	甲型病毒性肝炎
	无细胞百白破疫苗	第四次	百日咳、白喉、破伤风
	麻风腮疫苗	第一次	麻疹、风疹、腮腺炎
2岁	乙脑减毒活疫苗	第二次	流行性乙型脑炎
3岁	甲肝疫苗（与前剂间隔6~12个月）	第三次	甲型病毒性肝炎
	A+C流脑疫苗	加强	流行性脑脊髓膜炎
4岁	脊髓疫苗	第四次	脊髓灰质炎（小儿麻痹）

计划外疫苗（二类疫苗）

体质虚弱的宝宝可考虑接种的疫苗	
流感疫苗	7个月以上患有哮喘、先天性心脏病、慢性肾炎、糖尿病等疾病，以及抵抗能力差的宝宝，很容易患病并诱发旧病发作，家长应考虑接种此疫苗
肺炎疫苗	肺炎是由多种细菌、病毒等微生物引起的，单靠某种疫苗预防效果有限。一般健康的宝宝不主张选用，但体弱多病的宝宝，应该考虑选用
流行病高发区应接种的疫苗	
B型流感嗜血杆菌混合疫苗（HIB疫苗）	世界上已有20多个国家将HIB疫苗列入常规计划免疫。5岁以下的宝宝容易感染B型流感嗜血杆菌。它不仅会引起小儿肺炎，还会引起小儿脑膜炎、败血症、脊髓炎、中耳炎、心包炎等严重疾病，是引起宝宝严重细菌感染的主要致病菌
轮状病毒疫苗	轮状病毒感染是3个月到2岁的婴幼儿病毒性腹泻最常见的原因。接种轮状病毒疫苗能避免宝宝发生严重腹泻
狂犬病疫苗	狂犬病发作后的死亡率几乎是100%，还未有有效治疗狂犬病的方法。凡被病兽或带毒动物咬伤或抓伤后，应立即注射狂犬病疫苗。若被严重咬伤，如伤口在头面部、全身多部位等，应联用抗狂犬病毒血清
即将要上幼儿园的宝宝考虑接种的疫苗	
水痘疫苗	如果宝宝抵抗力差应该选用；对于身体好的宝宝可用可不用；不用的理由是水痘是良性自限性的“传染病”，列入传染病管理范围；但即使宝宝患了水痘，产生的并发症也很少

五、孩子健康零食一览表

备注：×：限制食用；△：适当食用；□：可经常食用。

洋芋片

定量4～5个。它富含油分和盐分，尽量推迟提供的时间。与其直接给孩子准备袋装薯片，不如每次取适量提供。

~24months	25~36months	37months~
×	△	△

幼儿煎饼

定量3～4个。在孩子满12个月后，可以放心大胆地提供幼儿煎饼。若过多地食用，会影响胃口，妈妈们需要调整供应量。

~24months	25~36months	37months~
□	□	□

幼儿饼干

定量1袋。小袋装的幼儿饼干，可以直接提供1袋，但是由于糖分含量高，建议在孩子满24个月后开始食用。

~24months	25~36months	37months~
×	△	□

条状饼干

定量4~5个。条状饼干有刺破喉咙的危险性,应该切成丁后再喂孩子吃。

~24months	25~36months	37months~
×	△	△

日式蛋糕

定量半块。虽然日式蛋糕口感柔嫩，适宜孩子食用，但是其糖分含量过高，不宜过量摄取。

~24months	25~36months	37months~
△	△	□

蛋糕卷

定量1.5～2厘米。它的奶油含量低，因此在孩子满24个月后，可以取少量开始使用。在孩子满3岁以后，可以提供一块蛋糕卷。

~24months	25~36months	37months~
×	△	□

奶油蛋糕

定量1/3块。奶油不宜消化吸收，因此在孩子满3岁前，除特殊日子以外，不宜让它与孩子相见。

~24months	25~36months	37months~
△	△	□

起司蛋糕

定量半块。它的脂肪和糖分含量高，若过多食用，孩子就会拒绝米饭，在孩子满2岁后，也要适量提供。

~24months	25~36months	37months~
△	△	△

起司面包

定量1个。购买时，挑选清淡的口味，在孩子满24个月后，取少量开始使用。

~24months	25~36months	37months~
×	△	△

冰淇淋

定量半杯。它的糖分和脂肪含量高，在孩子生病时，可作为补充营养的供给来源。在孩子满3岁后，其适宜扮演点心的角色。

~24months	25~36months	37months~
△	△	△

乳酸菌饮料

定量65毫升。它的糖分含量过高，在孩子满24个月前，必须稀释食用。在此之后，提供1小瓶左右的乳酸菌无任何大碍。

~24months	25~36months	37months~
△	△	△

原味酸牛奶

定量100毫升。它与果汁一样，同属高糖分产品，可以取少量开始使用。

~24months	25~36months	37months~
△	□	□